Managing to Learn
Using the A3 Management Process to Solve Problems, Gain Agreement, Mentor, and Lead

学习型管理

培养领导团队的A3管理方法

珍藏版

[美] 约翰·舒克 著
（John Shook）

郦宏 武萌 汪小帆 等译
赵克强博士 审校

图书在版编目（CIP）数据

学习型管理：培养领导团队的 A3 管理方法（珍藏版）/（美）约翰·舒克（John Shook）著；郦宏等译 . —北京：机械工业出版社，2016.8（2025.9 重印）
（精益思想丛书）

书名原文：Managing to learn: Using the A3 Management Process to Solve Problems, Gain Agreement, Mentor, and Lead

ISBN 978-7-111-54563-7

I. 学… II. ① 约… ② 郦… III. 丰田汽车公司－工业企业管理－生产管理－经验 IV. F431.364

中国版本图书馆 CIP 数据核字（2016）第 187034 号

北京市版权局著作权合同登记　图字：01-2010-4177 号。

John Shook. Managing to learn: Using the A3 Management Process to Solve Problems, Gain Agreement, Mentor, and Lead.

Copyright © 2008 by Lean Enterprise Institute, Inc.

Simplified Chinese Translation Copyright © 2016 by China Machine Press. This edition is authorized for sale in the Chinese mainland (excluding Hong Kong SAR, Macao SAR and Taiwan).

No part of this book may be reproduced or transmitted in any form or by any means, electronic or mechanical, including photocopying, recording or any information storage and retrieval system, without permission, in writing, from the publisher.

All rights reserved.

本书中文简体字版由 Lean Enterprise Institute, Inc 授权机械工业出版社在中国大陆地区（不包括香港、澳门特别行政区及台湾地区）独家出版发行。未经出版者书面许可，不得以任何方式抄袭、复制或节录本书中的任何部分。

学习型管理：培养领导团队的 A3 管理方法（珍藏版）

出版发行：	机械工业出版社（北京市西城区百万庄大街22号　邮政编码：100037）		
责任编辑：	董凤凤	责任校对：	董纪丽
印　　刷：	涿州市般润文化传播有限公司	版　次：	2025年9月第1版第20次印刷
开　　本：	165mm×214mm　1/20	印　张：	9.2
书　　号：	ISBN 978-7-111-54563-7	定　价：	45.00元

客服电话：（010）88361066　68326294

版权所有 • 侵权必究
封底无防伪标均为盗版

推荐序

本书令我非常激动,约翰·舒克的这本书试图回答一个看似简单却非常深奥的问题:什么才是精益管理和精益领导力的核心?

为了说清楚这个问题,本书填补了我们所认识的精益工具和对这些工具可持续运用之间的空白。这本书揭示了:

- 传统式的自上而下,以指令和控制式的管理与精益管理之间的区别。
- 基于权力的组织和基于职责的组织之间的区别。
- 那些不立即投入解决方案,而是深入细致地挖掘问题根源的经理所认识的长远的效益。
- 通过问题解决的流程和实施计划,来培育精益经理和精益领导人的力量。

本书用多角度的精益理论,给当前主导的管理方式和领导方式点燃了一盏明灯,而这些老式的管理和领导方式,往往不比救火好多少。或许最不寻常的是,本书展示了一种更好的管理方式,是通过针对实际问题的对话,进行教育和学习。这种教育和学习是在一个精益经理和下属为了解决某个重要问题，通过对话发生的。

在解决问题的同时培育员工的流程，即 A3 分析，是丰田管理系统的核心。一张 A3 报告引导了对话和分析，它确定了现状、最佳的对策、实施计划（谁负责，做什么，什么时间做）和确定某个议题被阐明了的事实。

本书详述了 A3 分析，并提供了如何正确使用这一工具的案例，但它最重要的贡献是诠释了 A3 背后的思维过程。事实上，A3 思维将日常的管理变成了整个组织日积月累的学习过程。因此才有了本书的书名——《学习型管理：培养领导团队的 A3 管理方法》。

因为 A3 思维与传统的管理思维有着极大的不同，只有一个经历过 A3 并运用过 A3 的经理，才能完整地解释它的细微差别。约翰·舒克是最理想的作者，他于 1983 年在日本被丰田聘用，在那里作为"弟子"（deshi）学习 A3，当他成为经理以后，又作为"先生"（sensei）去实践 A3。与此同时，他也作为高层经理的"弟子"，这些高层经理的核心管理职责之一是教导下属 A3 分析研究的技能。

约翰·舒克当时的工作是帮助将丰田的管理方式传播到地球的另一端。1984 年，他开始在通用汽车的合资企业 NUMMI 中从事这项工作；1986年，他在乔治敦的丰田新工厂的建设中继续这项工作，然后再移师密歇根州的丰田北美技术中心，最后他在建成丰田肯塔基供应商支持中心之后离开了丰田。

他在丰田任职期间的每一岗位上，都通过辅导年轻的经理和雇员来教导A3思维，仍继续用A3与他的上级对话，以期不断提高自己。自从离开丰田，约翰·舒克在全球很多企业里教授这些原理。

本书在解释这一关键管理工具的同时，又揭示出其背后的思维过程。为了达到这一双重目的，本书采用了独特的排版方式。在讲述了执行下级经理的想法和行动后，在文后还附上了上级领导的思维和行动。您能够通过观察一个复杂问题的解决和一个精益经理的诞生，去了解这种学习的过程。

对于多数人来说，转型到A3管理是一个重大的飞跃，它要求我们通过PDCA（P-计划，D-试做，C-检查，A-实施），科学性地运用原理和管理方法，这是一项艰苦的工作。大家一般都想直接跨越到如何去实施，然后从经理那里得到随你去做的授权。但是A3思维却一直把我们拉向更具建设性的现实中来，在这里我们潜心研究现状，深挖问题的根源，考虑更多的解决对策，而不只考虑最明显的那一个；制订一个实施计划，并仔细地收集数据，来审查这些对策是否真的起作用。之后，我们再复制这个PDCA循环。

  在本书中，约翰·舒克抓住了精益管理和领导力背后的思维过程，提供了成功进行A3分析的原则。这种思维方式可以帮助你掌握精益工具，来创建和保持效益。

  我们热忱地盼望着你的成功消息。如果有任何问题和建议，请发邮件至mtl@lean.org。只要付诸行动和毅力，我们都能管理好学习过程。

金沃丰　博士
精益企业研究院董事长

中文版序

精益企业中国（LEC）很高兴与机械工业出版社华章分社再次合作，推出《学习型管理》的中文版。什么是学习型管理？简单地说就是企业的管理层与员工一起学习，用互动的方式去解决问题，并实践PDCA，持续改善。因此，培养员工解决问题的技能是任何一家企业持续发展、建立百年老店的必要条件。

企业管理层的一项重要任务是培养管理团队，唯有持续塑造、培养人，企业才会不断地成长。这不仅是人力资源部长的责任，更是企业的一把手和全体管理层的责任。本书用对话的方式来描述领导和被辅导的对象解决问题时的不同心态，后者想尽快提出解决方案，领导则不断地提问，以期能找出问题的根源。读者可以借由书中的故事了解到解决问题实际上需要管理层与培养对象之间的互信，前者不断地引导，而后者努力地去尝试，才能挖掘出问题的根源，然后再着手去寻找解决的方案。

LEC过去几年里翻译出版的10本书中多半是精益的工具书，《学习型管理》是第一本有关精益管理与精益领导的书。希望读者能够好好学习 A3 的管理方法，并记住重点不在 A3 表格的形式，或负责人多快能提出解决方案，而在缜密地分析，找出问题的根源。

感谢曾经在 LEC 服务的几位同仁，在郦宏的带领下，由武萌、汪小帆、刘健及朱良青翻译初稿，并反复整理，将这本有意义的书呈献给国人。虽然他们都已经相继离开 LEC，并加盟新的公司，但他们追求新知识、愿与大家分享的精神值得赞许。同时感谢机械工业出版社的策划，继续为精益丛书中文版添加新书。

我们希望通过书中的例子能启发读者去学习并掌握全书的精髓，为企业的持续发展而努力。

赵克强　博士
精益企业中国总裁

译者序

年初，在本书作者约翰·舒克先生位于美国密歇根的寓所拜访他时，我请他为本书的中文译本写点话，他说你写就可以了，你自己已经对A3有很多经历和理解了。于是我才斗胆地写点自己的体会。

我记得在丰田工厂工作的时候，曾经写过很多A3，对A3的记忆似乎不是那么轻松愉快，但现在想起来，无论是在丰田，或者在前几年做精益咨询，还是目前又回到老本行干汽车的时候，A3总是一个能让我兴奋的话题。

现在有很多企业开始运用A3，有的已经推行了数年，但就跟丰田生产方式里面另一个带"A"字头的著名的工具"按灯"（Andon）一样，在80%试图学习丰田制造方式的同行里遭到失败，A3的命运也往往是不幸和短暂的。A3在我以前工作过的另一家汽车公司里存在的寿命只有两个月，A3在另一家学习TPS还算相当努力的公司里，成了一种在已有很多报告格式上，叠加的另一种新的报告格式。

那么，A3到底是什么？A3有什么"神奇"的地方，怎样才能使其比其他的报告格式更加有用？

我突然想起一件多年前在丰田报告A3时碰到的有趣的事。当时作为一名工程师和下属，当车间发生了什么事，需要用A3跟我老板说清楚的时候，我首先想做的是什么？是表功！我以为，只要去老板那里，告诉老板我已经把问题解决了，不管是不是我的错，老板一高兴，准会"放过我"。但这位老板却常常揪住不放，他总是做一个经典动作，把我的A3一折为二，然后把A3的右半部分压在下面，那里正好有我搞出来的解决方案，正是要表功的地方。他说我不看你的方案，让我们看看你到底是怎么找到问题原因的，他想听听这是不是真正的原因。有几次正当我得意地说着我的分析时，却被老板打断，通过他的问题，我常常发现自己根本没有可应对的答案。作为下属，我往往不能分辨老板是真不知道答案还是在反问我，在这些紧张的回答中，要把问题的根源说清楚，说得滴水不漏，是很痛苦的一件事。渐渐地，我习惯了这种方式，并且终于明白问题的解决往往源自对问题根源的正确分析，如果一开始找错了问题的根源，方案必然要么无的放矢，要么如"贴膏药"，治标不治本。渐渐地，我花在对问题根源分析上的精力多了起来，再也不敢随便拍脑袋定方案了。不把导致问题的根本原因搞清楚，我就不会贸然去汇报A3。

一旦问题根源搞清楚了，老板就会把A3往我手里一塞，说"好了，去干吧"。这就完了？实际上，你如果能正确地找到问题根源的所在，那么这个问题的一大半也就解决了。

这种领导与我通过A3的对话，远超过了一般的情况沟通和信息共享，它是一堂非常精彩的问题解决课程，在不知不觉中，老板成了老师，说教变成了教导。作为比较年轻的员工，我认为一个老师型的领导和一个老板式的领导，在心目中的地位是不一样的。老板是"要你做你该做的事"，而老师是"教你做他能做的事"，A3用好了，你的上级就能教会你用他解决问题的本领去工作，用他的高度看问题，解惑的同时是在授业，这才叫真正的"栽培"，你能不感谢这样一位老师型的领导吗？

A3的另一个好处，是能为渴望学习和上进的年轻员工，在问题解决技能上提供帮助。A3从格式上提供了一个问题解决的思维流程，"资历浅的"员工只要遵循这个流程，就会被导入一个个必须经过的思考过程，比如有的A3，干脆画上"5W"（5个为什么），"逼着你"一个个问，最后挖掘出问题的根子来，也有的加上了鱼骨图等经典的精益工具，"逼着你"把方方面面的事情摆出来，想清楚。

A3之美在于简洁，5分钟的演讲，要50分钟的准备和精炼，50分钟的演讲只要5分钟准备就够了。去粗取精的结果不仅仅是节约领导的时间，更是你的一次思维上的挑战。内容的堆砌，对于一个工程技术人员或中层干部来说并不难，因为你是这方面的专家，肚子里有的是干货。但是简单地堆砌，不仅无法帮助领导去决策，也使你失去了一次对问题的思考和分析过程。解决问题不能用"词海战术"，多不一定好，或者肯定不好。要准备一张小小的A3，有的公司还提倡手写，这样可写的字数就更有限，这样又"逼着你"不得不做详细的思考，把最终也是最精的信息写在纸上，把大量信息和解释准备在脑子里。经过这么一次压缩、过滤、萃取、蒸馏，你会反思很多东西，得到很多新的想法，甚至有时候不得不推翻原来的想法，但幸运的是，你路子走对了，以后会避免大量时间上的浪费。

A3的发力点在于A3对话的过程，而这个过程要发挥出组织型学习的效用，对领导，也就是A3读者的要求要高于对A3的作者（下属）。培养下属，让下属能具备高效的工作能力，是彻底解决领导干部事必躬亲、处处救火的最佳途径。所以进行A3对话是一种对自己部门工作的"投资"，这种"投资"的回报，使你有更多的时间，去改善你组织的流程，思考大是大非的问题和战略，真正起到一个思考型、前瞻型领导的舵手作用。

我们也曾注意到，有的公司由于对A3的理解不深，存在将A3往下推，不培养看A3的能力，不进行A3对话的问题，写了很多 A3 没人看。我曾经遇到一个在中国进行指导的丰田老专家，他也在辅导 A3，一张 A3 要让作者改 20 多遍。所以我觉得，有必要翻译出版本书，有必要让有意推行 A3 的公司和组织明白 A3 的学习意义，就如同本书的名字。

当我们不断听到丰田公司近期出现的一些质量和效益问题的同时，我们也听到了丰田的反省：我们生产足够多的汽车的同时，没有生产足够多的人才。丰田的反省能否给它带来新的动力，对此我们将拭目以待。但同时不应在建立自身组织可持续和科学发展能力的关键点上——建立学习型组织和组织化学习的道路上，有片刻的犹豫和停步。

本书以一个外文资料翻译流程的改善作为案例，向读者展示出如何以 A3 作为学习工具——问题解决良好的沟通工具。在翻译本书的过程中，我们自己就汲取以前翻译一些精益书籍的经验教训，边翻译边学习边理解，这也是一种自我精进的享受。我们虽具备一些精益文化的亲身经历，但是毕竟道行较浅，认识上的肤浅，加上翻译技能和文笔的拙劣，必然造成一些问题甚至错误。写书、翻书、看书都是一种治学和精进之道，衷心希望读者能发现问题，帮助我们改进，并成为我们的老师。

本书的翻译工作始于我之前所在的精益企业中国咨询公司，在此要感谢参与本书翻译的团队，包括武萌先生、汪小帆先生、朱良青先生、刘健先生和华泽寰先生。特别要提到的是精益企业中国总裁赵克强博士，正是他的关怀和努力，使得这本难得的解读精益文化内涵的书的翻译出版成为现实。

郦宏和精益制造方式的朋友们

致 谢

我在此对那些曾经支持过本书的朋友表示感谢。

我的感恩之情源自我在丰田公司的许多导师,无论是我所学到的管理理念,还是A3流程,均应归功于他们。对于我最早的上级,吉野勇夫和国枝健,他们教会我A3不仅仅是一种善意,而是极度希望我能够学会思考,并积累使自己变得更有用的技能。从作为一个新手在他们的指导下学习,到数年后协助正树先生将A3思维引入由美国工程师组成的部门里,我有了更多的导师,而学习持续不断。

我同时感谢对写本书提供具体帮助的马修·勒夫乔伊、斯科特·海顿、林恩·凯利、埃里克·埃辛顿、辛迪·斯旺克和杰里·布塞尔。他们每一个人从各自的角度和在其公司运用这种流程而获取的成就,为我提供了透彻和关键的反馈。

杰克·比利和丹尼斯·伯纳特帮助我理解在复杂的医疗机构中推行精益思维时A3所扮演的重要角色。特别是杰克的见解和修正对本书有着巨大的贡献。

杜瓦尔·索贝克、阿特·斯马利和麦克·罗瑟均在同时撰写相关的初稿，本书的形成受益于我们不断地探讨和合作。针对概念和报告，理查德·怀特塞德和泰利·维多思为本书成书提供了有价值的评论。

戴维·佛布尔和杰夫·史密斯都是多年和我一起分享学习经验的原丰田的同事，他们审阅了初稿并提出了批评和极有价值的反馈：你们的名字在每一页中几乎都会出现。

同时也感谢汤姆·沃特斯和蒂姆·安德烈，他们都是在20世纪80年代中多年和我在日本丰田第一线使用A3的老手。

当然，与精益企业研究院的合作是有很大帮助的。英国精益企业学院的戴维·布伦特和丹·琼斯提供了极富价值的批评意见，巴西精益研究所的若瑟·费罗、佛拉维奥·皮奇和吉贝尔托·小坂已经完成了葡萄牙语的翻译工作。特别感谢精益企业研究所的戴维·拉霍特、戴维·勒戈索、海伦·扎克和所有成员在整个成书过程中给予我的鼓励和协作。迈克尔·布拉萨德给予了很多建言、批评、争论和深度信息。本书如果没有诸位的支持是不可能写成的。

乔治·塔尼涅奇、汤姆·埃恩菲尔德和托马斯·斯凯安组成的编辑团队使得我们艰苦的工作变得有趣、有效和有成就感。我希望大家已经准备好第2版的工作。

在此特别感谢金沃丰博士对本书写作的鼓励和启发。金沃丰博士常说：对于在精益之旅上的人们最好的帮助就是给他们以勇气（尽管金沃丰博士不大喜欢用"精益之旅"这个词，但是我还是很喜欢在此使用）。仅此而言，没有他的鼓励便没有本书。最后谨以此书献给我的儿子杰西，他是在美国海军陆战队服役的中尉，以及在东京完成的学业并在那里工作的女儿沙耶。你们也许不知在我写书期间，你们给我的鼓励有多大，在你们踏上各自的生活旅程并走向未知的目的地的时候，将此书送给你们。

约翰·舒克

Managing to Learn 目 录

推荐序
中文版序
译者序
致　谢

导　言 // 1

第1章　什么是A3 // 9

第2章　掌握实际情况：到现场去 // 15
　　德西·波特：问题是什么 // 16
　　不用太快 // 19
　　这是谁的问题 // 23
　　怎样才能真正知道问题是什么 // 25
　　真正去现场 // 31

第3章　目的与分析：寻找根本原因 // 42
　　问题是什么 // 43
　　翻译中的遗失 // 50
　　深入挖掘 // 52

　　　　问题背后的问题 // 59
　　　　谁的错 // 62

第 4 章　提出对策：基于多重方案的决策机制 // 72
　　　　波特的进展 // 73
　　　　不要太快 // 75
　　　　收集意见 // 79
　　　　波特让步 // 85
　　　　基于多重方案的决策机制 // 88
　　　　从调查人到提倡者 // 93

第 5 章　计划和跟进：基于拉动的权力 // 100
　　　　什么是计划 // 101
　　　　没有问题才是问题 // 107

第 6 章　永恒的 PDCA：培养 A3 的思想者 // 116
　　　　A3 管理 // 117
　　　　波特和他的"虚拟团队" // 121
　　　　反省 // 125
　　　　为了更好的问题和更好的员工 // 129

结论　学着去学习 // 133

附录 A　着手开始：A3 需要两种角色 // 141

附录 B　A3 案例 // 149

关于作者 // 158

参考文献 // 159

意见反馈 // 163

导　言

在我工作了超过10年的丰田，为了有效进行计划、决策和执行，如何思考问题和从问题中获得学习的方法是这家公司成功的秘密所在。从A3流程中我们可以发现，该公司所确立的、构建的，然后实施的应对问题和挑战的流程，是其整个能力的建设和持续深化其知识和技能的关键。

因此，本书旨在帮助读者在试图解决问题时从问题中学到东西，同时培育具有创造性解决问题能力的员工。对于丰田的巨大成功，有很多关键因素，但是最重要的成就，恰恰是这家公司知道如何去学习。

很多人可能已经知道A3报告，并将其看作一种沟通工具或问题解决技能，可以理解这种想当然的认识。A3确实是一种基于事实的强有力的对策工具，使得成功运用A3的公司在决策、计划、建议和问题解决上获得了快速的成效。

但是在本书里，我试图揭示出A3流程，或称之为A3作业，是一种创意、计划、问题解决和建立一种广泛深入的思考方式的标准化作业。这种作业，创建了被称之为"组织化学习"的深深扎根于工作本身之中的"活学"。

在丰田的发现

自从我 1983 年在日本丰田市[注]，我发现了 A3 作业是平时工作中通过第一手实践安排学习的作业。在那里，我观察了日本同事是如何通过 A3 被辅导和辅导别人的，包括我在内，这是公司中最常见和最通行的一种管理工具。我和我的同事几乎每天都要写 A3，有时说笑，有时郁闷，似乎我们经常要改动 10 次以上才能过关。我们编写、修改、撕掉重写、讨论甚至咒骂。所有这一切，都是为了明确我们的思考、从他人处学习、通报和辅导他人、汲取教训、落实决策以及进行反思。每年，我看见新的高校毕业生进入丰田，坐到他们新的办公桌，都会有一份空白的 A3、一个辅导员和安排他们负责的一个问题或项目。头几个月，他们都会被用 A3 思维进行辅导，他们试图知晓如何下去观察、如何理解事物的客观规律、如何分析以及如何采取有效措施去合理应对并改善现状。

我自己感悟最深的是，我的老板告诉我：千万不要告诉你的手下做什么，你一告诉，就把他们应该负责的职责取消了。这句话，解释了丰田并不是一家依赖"权力"，而是依赖"职责"运作的公司。几乎所有的组织（尤其是大公司）都是由许多部门跨部门运作

[注] 丰田汽车总部所在地，位于日本爱知县。

的，这导致在这种框架中，经常发生责任不清、决策不明和员工士气低下的现象。

"拉动为本"的组织

形成反差的是有效利用 A3 作业，将原本基于"权力"导向的争议，转变为"做正确的事情"的对话（一种职责导向的对话）。这种转变形成了决策方式的重大变化。个人根据自己在问题解决中的态度，获取行动的权力。他们必须坚决地根据他和他的同事从现场（gemba）获取的事实来做决定并获得共识。

这并不意味着领导层从独裁式的管理变成放任自流。如同我们将看到的，丰田的领导层保持对于大量工作细节问题的参与，从而进行学习和通晓所负责的流程。

提问题、辅导和培训的方式凌驾于命令和控制之上。这就是为什么丰田的先驱大野耐一相信，一个人站在那里，从那里观察，就能观察出对于一个工序至关重要的问题。一个放任主义、高高在上的领导，只会设立目标，然后把事情分派给下属，并说："我不管你怎么做，只要你最后能达到目标。"而丰田的领导层想知道你是如何做到的，他们常说："我想听到你是怎么想的，告诉我你的计划。"只有这时，一个领导，才能辅导一个真正的问题解决专家。

所以说，决策和行动是与计划和问题解决密不可分的。一个经理的工作，是去审视问题，而要做到这一点，他必须要了解这些错综复杂的细节，A3就包含了这些工作的内容。首先假设其中必然有问题存在，然后不经计划便不能采取任何行动。这就是为什么丰田的领导常说："没问题就是问题"。这说明了，对于所有经理甚至所有员工，重要的工作就是去找出并解决存在着的问题，这些问题，据我们所知，是必然存在的。通过把A3成功地结合到团队工作中去，一家公司就不会只去防止问题甚至回避问题，而是开始将问题视为学习和改进的大好机会。

不同于传统的命令控制式的领导只依赖于自身职位高低来指挥其他人落实其战略，丰田的领导更关心责任。丰田领导会尽量避免做出拍脑袋的命令，他们注重基于知识、事实，既讲原则又有灵活性的领导力。换句话说：成为真正的领导人。

在避免成为命令控制式的领导的同时，真正的领导人也与自以为高明的放任主义的"现代派"领导形成反差，这种反差是对应于那种导致错误领导的片面结果导向的、用数字进行管理的做法，而这种做法也常被很多传统式的经理所采用。如H.托马斯·约翰逊[⊖]指出的：传统管理者通过监控结果进行管理（这就像看着后视镜开车），而丰田领导是通过管理方法和流程进行管理的，而这种

⊖ H. Thomas Johnson, *Lean Dilemma: Choose System Principles or Management Accounting Controls, Not Both*, self-published paper and a winner of the 2007 Shingo Research Award, Sept. 26, 2006.

流程导向了结果。

所以，丰田管理方式，不能简单理解为自上而下或自下而上的管理。A3 明确了将问题的责任放到了 A3 "作者"同时又是主人的肩上，这个人就是名字写在 A3 右上角的人。这个人不一定对方案的各方面工作有直接的权力，但这个人清楚地被指定为这个问题或决策实施的负责人。

如果说整个丰田管理系统都遵循这一种方式可能有点言过其实，也并不是说所有丰田领导都具备这种素质，但是认为通过有效运用 A3 使得丰田能有今天之成功而独特的管理思维，是恰如其分的。

在丰田，没有一个去实施 A3 作业的"目标"，相反，A3 作为一种理念，体现出两个极为重要的工作管理流程：方针管理（hoshin kanri 或战略部署）和问题解决。从宏观上讲，方针管理统一了公司的目标；从微观上看，或者从个人层面看，规范化的问题解决创立了系统化的学习。A3 作业涵盖了这两者。作为结果，力求采用规范的方针管理流程和有效的问题解决机制的公司将从采用 A3 流程中发现巨大的挑战，同时又是更大的机遇。

在公司的学习之旅中，每一个层级的员工能用 A3 撰写项目方案、提出建议、展示主人翁精神、发表意见、获得认同，以及学习。经理层能用 A3 思维进行辅导和培训；布置明确的任务、责任和担当；从下属那里获得好的计划；辅导雇员。组织可以用 A3 思维来做决策、达到目的，完成任务，将个人和团队统一于共同的目标下。最重要的是，为了有效性、效率和改善进行学习。A3 可以用作问题解决工具和培养问题解决者的流程。A3 推广一种促使员工观察现实、报告数据、做出解决具体问题的方案，用检查流程进行跟踪和做出调整的方法。

关于本书

本书其实包涵了两部分的内容：一部分是关于该工具的基本理念，另一部分是学习流程的介绍。

其核心故事，是讲述年轻的经理德西·波特如何学习精益的基础，发现 A3 作业的内容和含义。通过他的学习，读者能熟悉 A3 方案的典型元素。本书首先列出波特的故事，而波特的 A3 教育过程，将由辅导我们书中的主人公的上司肯·桑德森通过行动和内心后面的思维揭示出来。

桑德森寻求通过运用 A3 解决他自己的一系列问题和做出决策。他懂得 A3 作业显示出建立坚实而敏锐的，并在组织中界定职责的体制和流程，其目的是为了确立组织行为、实践和理念，能够驱动、激励和培育员工，来思考和激发能动性。该体制通过经验、从教训中学习和基于计划的实验以及失误，根据最自然的学习方式来创立系统的学习机会。

从这本书里，你将学到如何写一份 A3 方案，写一份 A3 是朝向用A3作业进行学习的第一步。个人写作A3将获取一些问题解决、决策和沟通上面的好处，但是一个组织只有通过广泛的运用，才能获得广泛的收益。否则，整个努力可能会沦为一种"打钩"的过场，于是A3会跟那些束之高阁的SPC[①]图、无人问津的标准化工作表和没人在意的价值流图一样，成为公司的"花瓶"。

所有我所知道的组织，都有着实现和保持这些原则的不平凡经历，A3是一种广泛的体制中的一个工具。我的希望是，通过实践这个故事和故事中的管理视角，经理和主管们能够提高他们精益的学习能力和领导力。在你读本书之前，真正的问题应该是："你想如何管理？你想怎样领导？"

如果你想通过建立稳定的系统和流程的方式来管理和领导，把职责和学习的文化贯彻到整个组织，那么A3的管理方式和流程（不仅是A3的那张纸）可以帮助你实现。

约翰·舒克

美国，密歇根州，安纳堡

2008年10月

[①] Statistical Process Control，即统计过程控制，利用统计方法对工序流程加以管理，以提高效率、改进质量。——译者注

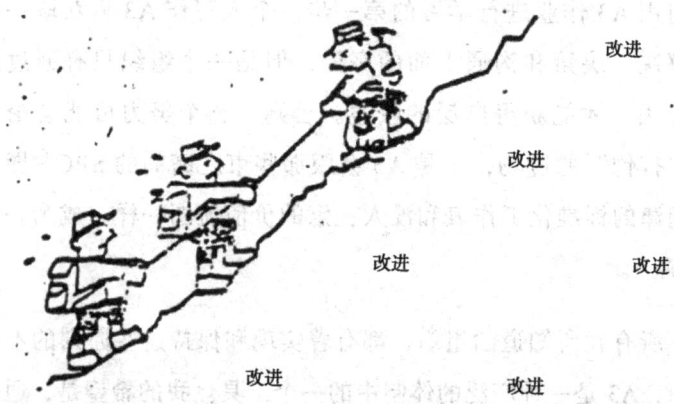

领导的工作就是培养员工，如果员工没学会，那是领导没有教好⊖

⊖ *Training Within Industry Report* (Washington, DC: War Manpower Commission, Bureau of Training, 1945).

第 1 章 什么是 A3

"A3"指的是大约 11×17 英寸[注]大小的国际标准尺寸纸张。在丰田和其他一些实施精益的公司,"A3"则意味着更多的含义。

丰田在很多年前就洞察出,一家公司面临的所有问题可以且应该用一张纸来体现。这样可以使所有涉及此问题的人通过同一视角来了解它。然而 A3(见图 1-1)的基本思想遵循一个公认的逻辑、清晰的格式和措辞,可以灵活运用。大多数公司为了适合自己独特的要求,可以调整设计。

A3 就像个人简历一样,可以根据找工作的人和用人公司要求的格式、风格和重点来撰写。实践者可以根据具体情况调整格式。

在一页典型的 A3 上包括以下要素:

[注] 1 英寸 = 2.54 厘米。

10　学习型管理

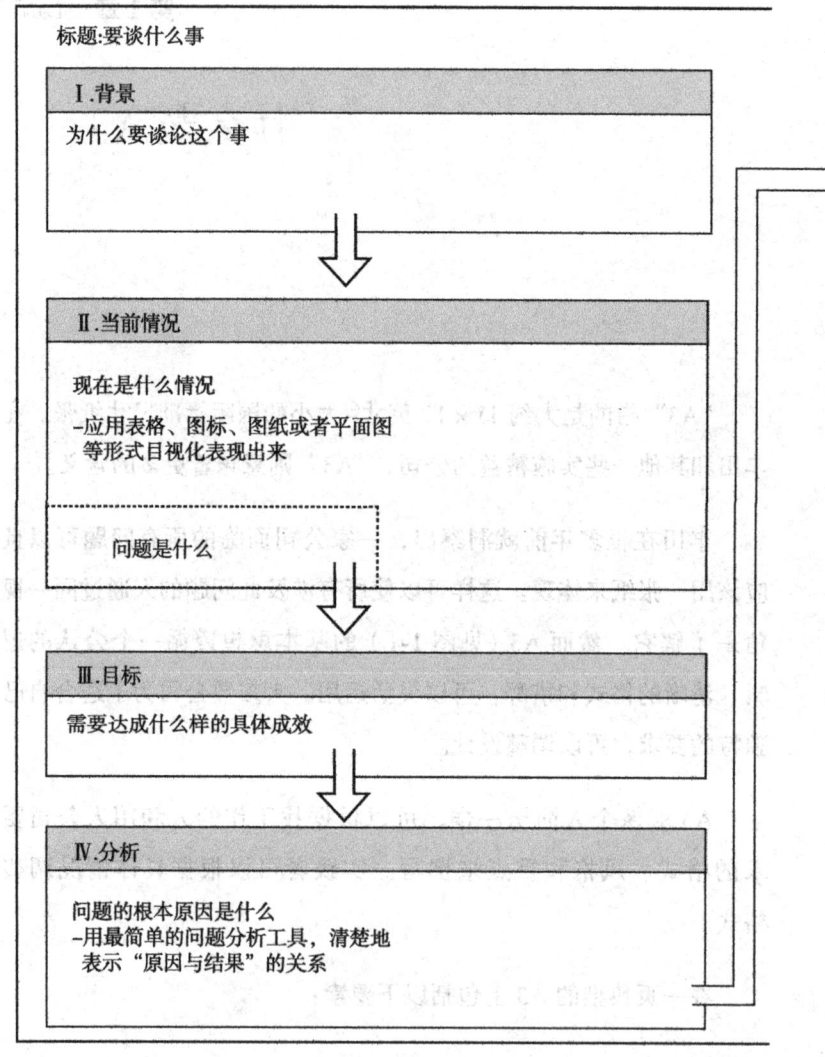

图 1-1

资料来源：John Shook and David Verbe.

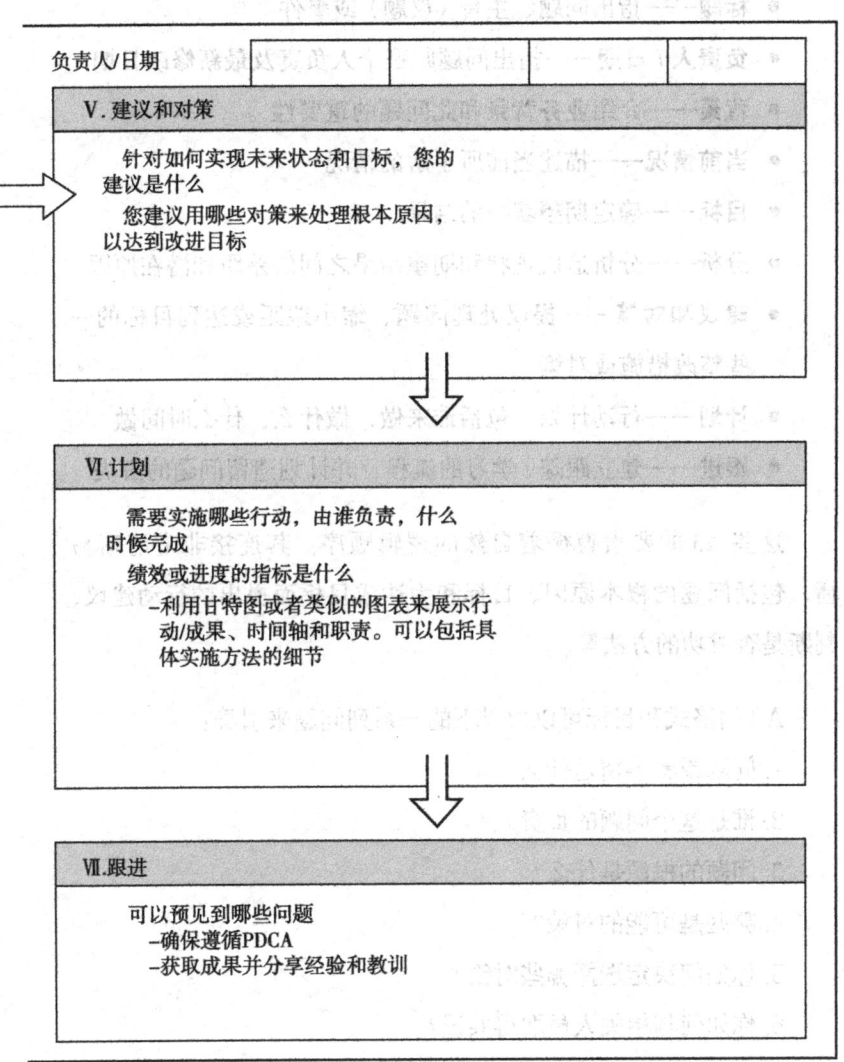

A3 的模块

- 标题——指出问题、主旨（议题）或事件
- 负责人/日期——指出问题归哪个人负责及最新修改日期
- 背景——介绍业务背景和此问题的重要性
- 当前情况——描述当前所了解的情况
- 目标——确定期望获得的结果
- 分析——分析造成现状和期望结果之间的差距和潜在原因
- 建议和对策——提议处理问题、缩小差距或达到目标的一些整改措施或对策
- 计划——行动计划，包括谁来做，做什么，什么时间做
- 跟进——建立跟踪/学习的流程，并计划遗留问题的解决

这些 A3 的要素遵循着自然的逻辑顺序。其连接非常清晰易懂，包括问题的根本原因、目标和为达成目标而提出的行动建议，判断是否成功的方法等。

A3 的格式和目标可以由以下的一系列问题来引导：

1. 问题或者事情是什么？
2. 谁是这个问题的负责人？
3. 问题的根源是什么？
4. 哪些是可能的对策？
5. 你如何决定选择哪些对策？
6. 你如何与相关人员取得共识？
7. 你的实施计划是什么——谁做，做什么，什么时候做，在哪里做，怎么做？

8. 你怎么知道对策是否有效？

9. 估计有哪些需要跟进的事情？哪些问题可能会在实施过程中发生？

10. 你如何记录和分享学习到的经验？

无论如何强调都不过分的是 A3 没有一个固定的或"正确"的模板。为了说明这一点，本书在附录 B 中附上了一些 A3 的报告，以列举一些问题，如建议 A3、决策 A3、项目 A3、计划 A3 和它们能够处理的事情的例子。撰写者根据具体的情况和上下文来决定应该强调哪些内容。报告的格式并不重要，但基本的思想是要引导参与人员遵循 PDCA 循环（计划、试做、检查、实施）。

你会在后面的章节中看到，完成和讨论 A3 的内容可以强制撰写人去观察实际的情况，报告事实，为达成设定的目标提出建议和对策，取得共识，根据检查的流程来跟踪，并根据实际结果进行调整。因此，A3 代表了一种有效的解决问题、实施改进、准时完成任务的工具。

不仅如此，A3 还包括了问题解决过程中思考的流程，及相关责任人与公司内其他人持续对话的意义。A3 是一个基础的管理流程，能够促使并鼓励用科学的方法学习。A3 报告应该成为组织内解决问题、对话以及制定决策的标准化沟通方式，创建一家通过当前所从事的业务进行持续学习，不断改善运营和绩效的"科学家"企业。

为达到以上目的，本书将在后续章节中探究 A3 作为解决问题，改善工具和管理流程中的细微差异。我们将一起完整地学习 A3 流程。这样，就可以看到这项富有意义的工作能够为公司带来哪些更有意义的回报。

> ### 学习逆向思维：怎样去读后续章节
>
> 　　接下来的 5 章中具有与众不同的结构。正如真实世界里两个人之间动态的对话一般，你会发现我们分别用两段对话展现本书的核心内容。前面的内容描述了受困于新任务的年轻经理德西·波特（Desi Porter）所经历的主要故事情节和对话。而后面的内容则反映波特的上司肯·桑德森的想法，讲述他是如何努力辅导这位年轻主管走过 A3 学习之旅的。
>
> 　　将波特和桑德森的观点进行分析，就能体现出这些工作和实际情况的自然冲突。而通过波特和桑德森进行的对话，则可以看出 A3 作为一个对话方式，能创造出什么，以及是如何被创造出来的。
>
> 　　你可以选择先读前半段内容并一直坚持到每小节的最后，然后回过去再读后半段。或者，你也可以同时在两段内容间来回地切换，就像真实的交谈一样。尝试两种方法，并选用最适合你的方法。最后你将找到一种合适的节奏，将波特和桑德森间的对话和学习栩栩如生地展现在自己的面前。

第 2 章

Managing to Learn

掌握实际情况
到现场去

阿克米制造公司是一家日本中型制造企业的美国分部,成立于 5 年前,是当时日本母公司在美国投产的最大的一座海外工厂。当前,阿克米公司的扩建计划是扩充产品线并将产能翻倍。同时,生产组织规模也将相应扩大一倍。

阿克米公司经理肯·桑德森安排中层经理德西·波特负责改善扩建所需资料的翻译流程。在工厂筹建阶段,该翻译流程充斥了各种问题,而今在桑德森的辅导下,波特负责将这些问题摆上台面,并提出改进的方法。这看似简单,但除了像丰田这样的企业,大部分公司都认为,主动寻找问题与公司文化是相悖的。

牛顿女士指出:"无论是对美国人还是其他国家的人而言,任何一个实际能将问题暴露出来的机制都是一个冲击,其他公司的环境更趋向于对老板隐瞒问题。"38岁的牛顿女士是美国印第安纳州人,已在丰田供职了15年,现在丰田位于肯塔基州厄兰格的北美总部工作。⊖

德西·波特:问题是什么

德西·波特刚升任为阿克米制造公司的中层经理就碰到一个问题。

看着面前的一张白纸,他本以为自己知道该怎么处理刚接手的任务。但实际上波特是如何从这张白纸开始工作的呢?

这项任务是由德西的老板肯·桑德森安排给他的:"德西,这次的工厂扩建需要从日本的母工厂引入大量资料。这些资料需要在预算内、高质量且准时翻译完,以成功支持扩建投产。我需要你研究当前的翻译流程,并在评估后提出建议。你知道扩建的整体时间安排,这

肯·桑德森:管理手段

德西·波特的上级肯·桑德森也碰到了许多问题。

文件翻译只是其中之一,其他由他负责的任务包括:总成本降低10%;改进安全状况以防止重大事故;工厂扩建后达到起始质量和产量目标;以及落实其他许多问题,这些问题总是来自下面(车间)和上面(高层领导)。每天,各方面来找他的员工和问题接踵而至。

当桑德森接手新任务

⊖ Martin Fackler, "'The Toyota Way' is translated for a new generation of foreign managers," *The New York Times*, February 15, 2007.

对公司非常重要。请准备一份初步的A3，带到这儿，我们一起讨论。"

作为管理层资力较浅的经理，波特是一个新人，但他在阿克米精益系统里工作多年，充分理解A3——这个被普遍接受的处理问题并提出提议的方法。在之前的工作中，他读过很多A3，实际也做过一些简单的解决问题的A3，对那些案例的格式还是比较理解的。

波特记得一个培训专家曾将A3比作"故事板"，因为A3是通过一套高度标准化格式的条块，或是有主题的格子讲述一个故事。有时这些问题故事被画在一张如波特现在准备用的11×17英寸的纸上，有时这些故事会写在较大的展示板上。

波特明白他要对这个问题负责，并提出改善方案。这个问题涉及生产产能，包括新厂房的建造、新设备安装，以及招聘培训新员工。工厂扩建本身是好消息（表明公司蒸蒸日上），但发展也带来了新的挑战。大家对于老厂起始阶段的许多问题还记忆犹新，其中之一虽然不显著，但却麻烦重重：把堆成山似的文件由日语翻

开始领导扩建项目时，他手下有10名直接向他汇报的员工，他们负责不同的职能工作，比如采购和培训。扩建项目需要两年，花费2.5亿美元，这让桑德森逐渐感到力不从心。现在离正式投产只有一年多一点，他肩负的责任不断增加，而经费却经常不足，这让他感到要去完成职责很困难。

严格的成本预期，苛刻的质量要求，以及异常紧迫的产品投产时间计划摆在面前。然而桑德森知道阿克米不是那种被预算束缚的公司，预算毕竟只是估计。阿克米高度关注成本，但同时又不让自己陷入仅用数字来管理的怪圈，桑德森需要想尽一切可行的办法来控制甚至降低成本。

文件翻译曾是一个不被大家重视的问题。桑德森知道翻译流程就和其他

译成英语。

经过对翻译流程的研究，波特意识到翻译文件是一个充满了技术要求的大项目，比他之前经历过的项目都要复杂且困难。需要翻译的文件涵盖各方面内容，如从具体部件的采购、设备规格到运输包装要求，等等。里面涉及高度专业的名词和日语习惯用语，更不必说那些复杂的符号和图表，它们都需要插到相关文件里面。快速而准确地翻译这些文件对于工厂起始阶段的正常高效生产至关重要。

这个复杂的项目涉及大量不同的业务与职能，甚至是文化差异。而且面对众多层次的不同需求，波特考虑该如何提出正确的解决方案。

他读过不少在工厂内帮助解决各种问题的A3，譬如减少搬运钢板造成的工伤，建立更多规整的工位，解决工程技术问题，改善计价和应收账款流程，以及改善一线客服中心等。所以这个方法肯定可以帮助解决手上的问题。

这样，凭着他的理解，波特认真地开始写他的A3，来说明文件翻译问题。

很多流程一样，需要在需要的期限内提供高质量的译稿，从而确保有效地开工。如果他可以提升这个流程的可靠性，那其余的问题也就迎刃而解了。

桑德森的大部分员工对于精益基本原则和工具都有所认识，知道如何运用。但就和波特一样，他们大都缺乏在日常运营中运用精益的经验，将精益工具适用到一个更广泛的精益管理系统中去。每个精益方法都需要通过在直接实践中学习而掌握。

很多员工可以通过这个扩建项目获得宝贵经验。桑德森需要开发波特以及其他人的思维，这样一来，桑德森就可以培养起一批掌握精益的左右手，来支持他作为总经理和领导者的角色。

因此，尽管既有犹豫又有信心，桑德森还是决定将这个重要的项目交给波特，并辅导他走向成功。

> **标准化的故事叙述**
>
> 　　一个 A3 的故事，如果从左上角通篇读到右下角，每个人应该都可以理解它。A3 报告并非静态或孤立地陈述一个目的，或是定义一个问题。如同任何讲解一样，A3 表述了一个完整的故事，包含开始、中段和结局，其间的细节按照顺序和前因后果互相联系。因此一个完整的 A3 从故事背景和定义开始，顺着逻辑，走向解决方案，并最终到达结局。
>
> 　　A3 作为"标准化故事叙述"的方法，体现了利用容易理解的格式，将事实和内容一起传递。一旦读者们熟悉这种故事的格式，便能够集中注意力，构成对话要素的内容。相比毫无生气的数据，"讲故事"能够用活生生的事实与实际情况来证明一个观点，使读者能够理解，并对情况的本质进行思考。

不用太快

　　波特想表现给桑德森看他可以很快地写好一份 A3，来解决翻译技术文件流程中的问题。他希望这份 A3 完成后马上能够获得认可，并将提出的解决方案付诸行动。

　　波特考虑了一些基本问题，并在纸上画了一个模板。他知道典型的 A3 设计，也听说过 A3 提议被看作"标准化的

在生产前，先培养人

　　桑德森明白光凭个人的专长去救火对培养员工没有帮助，也不会创造增值的学习过程，更不能减轻他的压力。实际上，他越快地平息问题，阿克米就越不可能达成长期培养

故事叙述"。所以波特尝试思考这个故事，从题目开始。题目应该描述特定的问题，同时回答这个根本问题：A3 的主人想说什么，想提什么建议？

波特的一个同事给出了一条关于 A3 的建议："题目不只是一个标题，因为明确表达正确的主题促使你描述真正的问题。看到正确的问题，并准确定义，是整个流程的关键。你一开始可能没有从正确的主题起步，但对话能将你带回正轨。"

那什么是波特需要解决的真正问题呢？在这页的顶端，他写道："创建完备的文件翻译流程。"

随后波特考虑下一步，即这个问题的背景。他明白第一个空格里，他应该提供这份报告的基本背景，描述解决这个问题的必要性。我为什么要把这个问题摆上台面？它涉及的更广阔的业务之间的因果关系是什么？

过去，翻译过的日语文件中的问题给工厂带来了许多麻烦。它们往往到得很晚，而且由于语言和技术细节上翻译的复杂性，使文件中出现了很多错误。

人才的目的。

桑德森需要培养问题解决型的人才，即那些能在工作中将科学方法运用自如，勇于担当负责，在短时间内能掌握这些理念，并传授下属的人。桑德森需要自然而非施压地来形成这样的机制。当然，这意味着过程中必然会犯一些错误，但这些错误能促进学习。桑德森需要波特和其他人学会如何学习，A3 能促成此事。在桑德森看来，A3 代表了一个管理流程，此流程不但帮助波特提出针对文件翻译问题的对策，更能在员工中培育学习氛围。

桑德森起初没有重视改善文件翻译流程，因为其他如安全或者质量问题通常更紧迫些。

在阿克米内部经常需

此类项目的预算经常超支，且由于延期和信息缺失造成的问题最终导致重大的投产延误，阿克米决不允许在这种条件下开工。

波特考虑，能否通过简单改善处理事情的方式，从而立即解决这个问题。

大伙儿就不能把各自工作做得更好吗？

波特明白公司的成本压力正在增加，投产计划包含了再缩减成本的要求。将文件翻译流程的成本结构钻研一番是一个好的开始，因此，波特与负责翻译等间接服务的采购专员弗朗西斯进行交流。

弗朗西斯告诉波特，她也关心三个主要翻译供应商报价的巨大差距，波特从她那里得到了很多信息。随着他们越挖越深，弗朗西斯看了一遍文件，两个人都发现这些供应商并没有经过一个完整的竞标过程。波特对这个发现感到很兴奋，于是便考虑到一个显而易见的答案：引入竞标环节来选择质量最佳且成本最低的供应商。

波特马上回到他的A3，在"背景"框中，他写了："新的国内工厂扩建涉及大量技术性要求，需要从日语文件翻译过要文件翻译，这也是众多只有出现了问题后才会有人注意的潜在业务之一。但现在桑德森回忆起在老厂投产初期，文件翻译错误百出的情况。那时整个流程超过预算10%，习惯性的延期，还造成了生产的延误和质量问题。

翻译流程既重要，又混乱，这促使桑德森慎重地思考波特在扩建中的责任。他相信通过他的指导，波特能够完成任务，并避免翻译流程中的问题反复出现。此外，解决这个麻烦的问题，对波特也是一个很好的发展机会。

到目前为止，波特在许多项目上都很成功。但他缺乏这样一个跨职能的管理流程项目的经验，而且过去他也曾在不熟悉的领域表现出犹豫不决。通

来。该项目的范围和复杂性造成了很多错误和延误。"

随后，他很快在其他几个板块写上了内容：

- **当前情况** 超出成本预算，交期延误，翻译错误，高复杂性；
- **目的/目标** 成本降低10%，将问题降到可控比率内，并简化流程；
- **分析** 将日语翻译成英语的挑战，大量而复杂的文件，来自不同供应商的问题；
- **提议对策** 由竞标流程选定一个供应商，从而简化并提高流程绩效；
- **计划** 评估当前供应商，确定新供应商候选人，编制标书，发标并选择中标商；
- **跟进** 按项目建议书监控成本，在一年合同期末评估绩效，如果绩效目标未达成，则需对该合同重新招标。

波特看了一遍这份A3，颇觉满意，便将A3拿给桑德森报批。桑德森在车间，于是波特将报告放在了他的桌上。

过对他的评估，发现他好像更喜欢有把握的事情，对于新情况不是太适应。

桑德森相信波特有能力用自己的方法处理翻译过程中的技术细节。同时波特的人际交往能力，也能帮助波特自己处理许多个人和小组的关系。然而，波特需要全力学习处理自己以前没有经历过，组织上更复杂和不确定的项目。

桑德森非常清楚，把这项任务交给波特，也意味着给自己安排了指导波特的责任。

这是谁的问题

桑德森回来后看到波特在桌上留下的A3。他走过去拿了起来，粗粗扫了一遍后转向波特。

"很快嘛！"桑德森说。

"谢谢！"波特回答，但不太清楚桑德森的意图。

"这只是一个观察，不是表扬。你已经确认问题，并制订行动计划了？"桑德森问道，并把A3递还给波特"这是你的A3，对吧？"

波特意识到他忘了在报告上签名，但他并没有立即签好名字再递回给桑德森。尽管看似小事，但他注意到之前看的每份A3都有其主人的名字：清晰的A3责任人非常重要，因为涉及谁对这个问题或者提议负责。

二话不说，波特拿了A3并走回到他的办公桌，拿出一个文件夹，里面都是其他阿克米经理们的A3。他注意到每份A3都有主人名字的首字母和日期。但更重要的是，它们看上去有不少共同点：大部分

初学者的思维

桑德森很欣赏波特的热忱与努力，想办法快速且经济地解决问题。但他知道，以这种最初的热情与冲动去提出解决方案，肯定会阻碍对情况来龙去脉的全面调查和对更深入解决问题的最佳方案的探究。

他需要帮助波特避免急功近利，马上跳到解决方案，或者专注于方案中一项内容上的做法。所以桑德森除了训练波特方法外，还集中指导波特应具有相应的正确态度和期望。

在当前这个学习阶段，波特需要仔细全面的指导以建立"初学者思维"，即一种对许多可能性所持的开放态度。波特需要用开放的思维来审视文件翻

都很粗糙，有不少因涂涂改改留下的印迹。波特开始认识到：A3 报告的主人标明草稿的日期，是因为 A3 报告会在使用过程中不断进化演变。读者需要知道他所读 A3 的当前版本，并可根据 A3 图解了解其演变历程。

波特一抬头，看见桑德森正站在他的面前。

"慢慢来吧，"桑德森鼓励波特："我没要求你整洁地填上所有的空格。关键在于你要多思考具体内容，反省问题到底在哪里。为什么这个问题那么重要？是如何与我们要完成的扩厂任务相关联？现在你甚至还不用考虑执行计划。如果还未确定问题，或还没发现问题在哪里，你怎么能完成这个执行计划呢？"

桑德森走后，波特坚信他一开始的想法正确无误，便签上了自己名字的首字母，加上日期，放回到桑德森的桌子上（见图 2-1）。

译流程，从而让自己能看到更多的潜在问题，而不是专注于有限的一些选项。

领导的工作是培养人

怎样才能真正知道问题是什么

桑德森读了一遍波特"修改过"的A3："好的,在开始商讨你的提议前,让我们聊一下问题,你想解决的问题到底是什么?"

"成本太高,流程太慢,并且还有太多的翻译错误。"波特谨慎地边回答,边指着纸上的相关信息。

"那你是怎么了解到这些问题的?"桑德森问。

"我和采购部的弗朗西斯讨论过。"波特回答。

"除此之外,你还发现了什么?""流程很复杂,我们有多家翻译供应商,它们的成本和水平参差不齐。""为什么呢?""日语翻译成英语很困难,我们有大量的工作要完成,而时间却非常有限。"桑德森坐回到椅子上,想了一下后回答道:"这些都太平常和含糊了,你清楚这个流程具体是怎么运作的吗?造成成本超预算的根本原因是什么?""相关工作停滞不前,翻译们需要加班。"波特答道。

打破沙锅问到底的思维

当桑德森阅读波特的提议时,他觉得尽管这份A3看上去很干净整洁,但其实有很大的缺陷。他见过许多诸如此类的思维模式:仓促定论以期快速解决问题。

波特初稿A3最大的问题,及其背后的潜在思想,是他已经对问题,对造成该问题的原因,和该怎么解决都做了总结。这种作法在阿克米的年轻经理中很普遍,桑德森也对此感到很烦恼,因为他见得太多了——好多职员希望快点把任务完成,因此仓促下结论,并采取了不当的解决方案,从长远看来注定失败。

桑德森明白,简单地告诉波特他的错误不一定能指领他走向"正路"。他想起以前得出的一个教训:避免告诉你的员工该做什么。当你告诉他们的时候,你就把他们应负的责任给揽了下来。他深谙领导力的精髓是让个

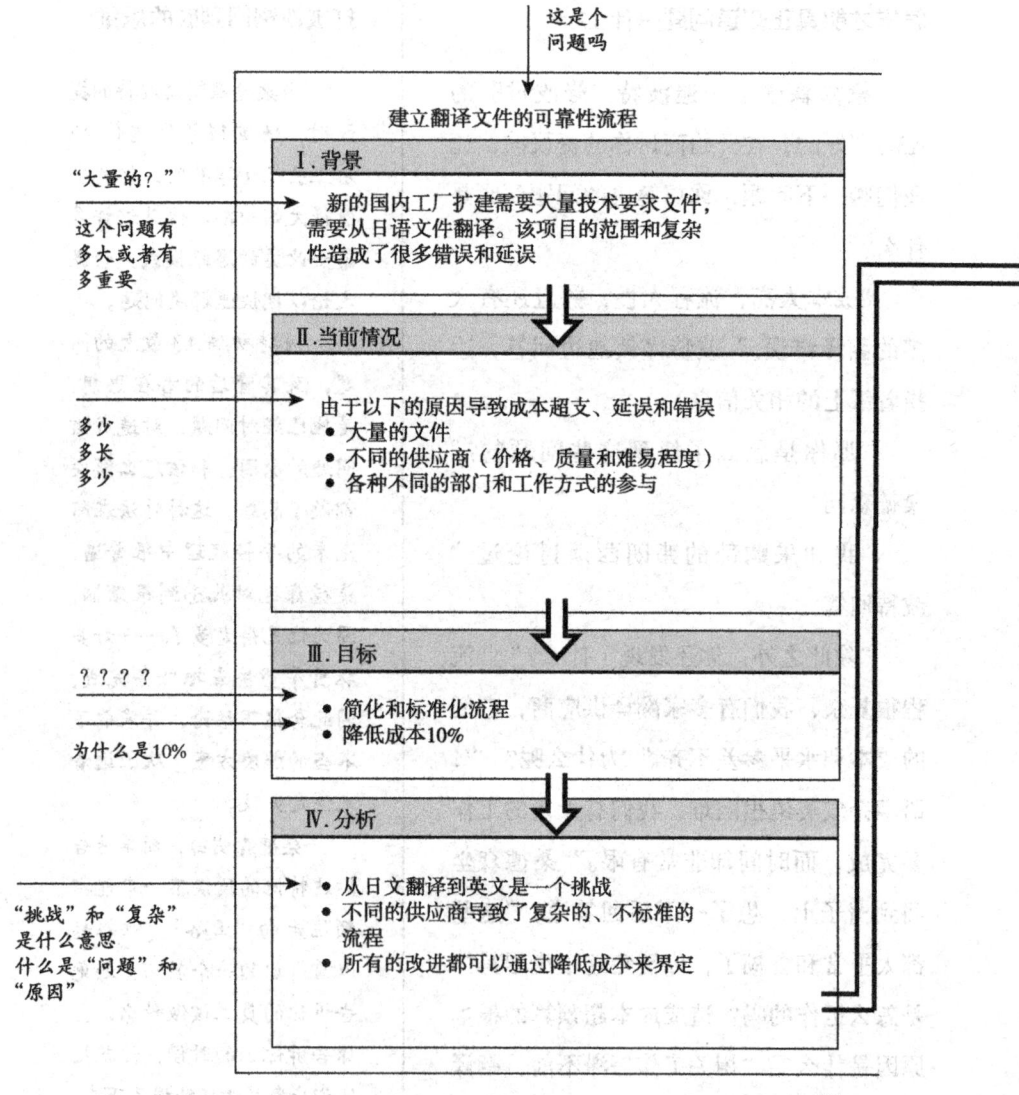

图 2-1

第 2 章 掌握实际情况：到现场去 27

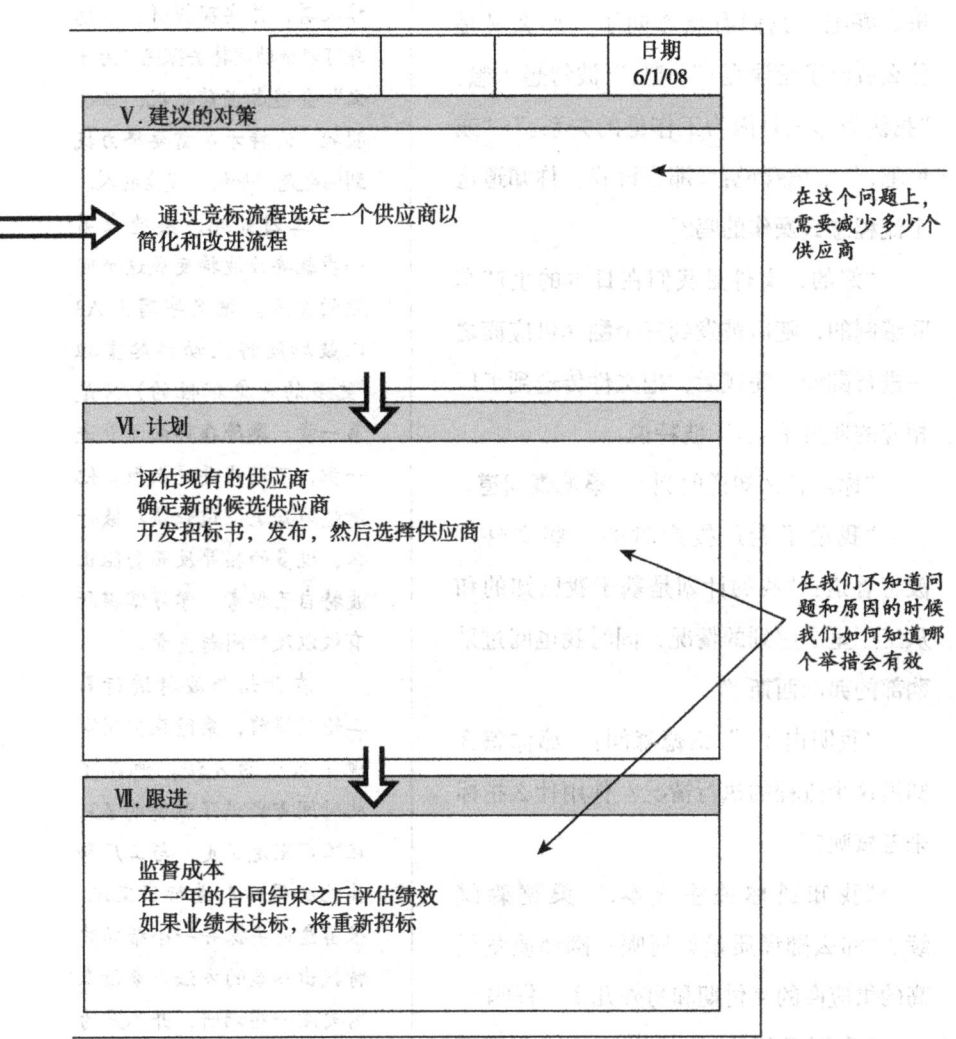

波特的 A3——直接到解决方案

"所以，是延期致使停滞，造成了加班。好吧，我们有点方向了。那么又是什么造成了延误呢？""嗯，"波特想了想："我认为那只是因为工作量的关系。""或许吧，"桑德森说："那告诉我，你知道这个流程怎么操作的吗？"

"好的，文件是我们在日本的生产车间编制的，随后被发到三个翻译供应商之一进行翻译。完成后，把文件传送到工厂相应的职员手上。"波特说。

"你是怎么知道的呢？"桑德森问道。

"我读了老厂投产时的一些文件，"波特答道："我的计划是基于我已知的和从工厂里了解到的情况，同时我也问过采购部的弗朗西斯。"

"我明白了，"桑德森问："那你怎么知道这个流程的执行情况？你用什么指标来考核呢？"

"我知道你关注成本，"桑德森继续，"那么翻译质量如何呢？翻译质量最高的供应商的交付期和另外几个一样吗？"

"我不清楚。"波特很惊讶，桑德森似乎也知道整个流程的诸多细节，有些甚

人发挥自身的主动性，去持续改善，并实现提升。桑德森可以帮助波特去探究"为什么"会造成当前状况，但也明确，波特才是需要努力找到问题是"如何"发生的人。

正因如此，桑德森第一步就要让波特变成这个问题的主人。把名字写上A3以鼓励波特主动挑起重担（更多的是象征性的）只是第一步。桑德森倾向于更进一步，不过他没这么做。他清楚地知道应该让波特做什么，过多的指导反而会阻止波特自己思考、学习掌握所有权以及对问题负责。

在开始与波特进行第二轮交谈前，桑德森重新审视了自己的方法。他花了些时间重新读了波特的A3，在工厂里走了走，与工厂和其他公司的人进行了交流，很留意地去探寻一个帮助波特找出答案的方法。桑德森需要做一些调研，并不是为了自己解决问题，而是知道怎样能帮助波特钻研得更

至比他了解得还清楚。

"一些供应商是不是比其他的好相处些？"桑德森继续问："那么这会不会影响文件的翻译质量？文字翻译质量和图表等的翻译质量有区别吗？有没有文化背景上的挑战，比如在一些特定文件中，突然出现的习惯用语需要多加注意？所有的文件都是通过一样的步骤翻译好的吗？还是要依靠不同类型的翻译者？"

"我不知道。"波特只能重复这句话。他意识到尽管已经将A3上的格子都填满了，但他的方法是无效的。他也惊讶地发现他的老板知道很多情况。

这种对细节的关注让波特明白他需要观察实际问题的本质，而不是在一开始还不清楚问题根源的情况下，就仓促着手解决问题。

波特开始看清解决问题的第一步是准确探究出问题的本质是什么，仅仅描述出道听途说的信息是不充分的。为描述这个问题，他首先要决定是什么造成了这个问题。简单写一份A3并不代表他完成了他的任务，实际上，他意识到自己的工作才刚刚开始，他需要去现场观察。

深，并最终成为一个更好的问题解决者。

桑德森希望帮助波特不重蹈一般经验丰富的精益思考者常犯的一个最严重的错误：在没有掌握准确的直接知识的情况下，就表现出对某事胸有成竹。

桑德森希望通过影响力，而不是依靠命令来引导波特。这意味着深入更多繁杂的细节，并通过工作上的学习对波特进行指导。桑德森克制了围绕工作的啰唆说教。在阿克米的摸爬滚打，让他学到了最有效的领导方法是通过"来自一线"的实践，获得员工的信任。领导们因在基层建立有效的工作方法获得晋升。他们帮助员工审视各自的工作，为消除浪费创造了改善的机会，并帮助员工靠自己的力量，创造更多的价值，这代表了一种最高形式的尊重。那些能够创造这种持续改善的人，就是一个天生的和高效的领导者。

现场不只是一个地方

现场（Gemba，也拼作"genba"）是一个日语单词，表示"现地"，描述了增值工作发生的地方。现场描述的是员工为客户创造价值的地方，而精益实践者把现场定义为生产现场，它也可以指办公室、服务场所、医院病房或是车间——任何此类工作发生的地方。

真正的改善只能建立在对一线工作环境的观察上。丰田称这个原则为"genchi genbutsu shugi"，意思是"现地现物主义"。比如，现场工人的标准化作业，不能在工程部的办公桌上制定，而必须在现场制定和修改。

"当然，对任何现场，数据都很重要。但我认为实情或者.事实.更重要。比如，一个问题发生时，如果我们对于根本原因界定得不正确，那么采取的对策会有很大偏差。因此我们反复使用五个为什么，来彻底探究问题根源。这样的态度就是丰田的科学方法的基础。"⊖

其实，"gemba"反映了一种经验主义的哲学——去现场探究事实。

到现场去

⊖ 大野耐一《丰田生产方式》(东京，1980年，钻石出版社，1978年第一次出版)；约翰·舒克（John Shook）翻译。

真正去现场

与桑德森面谈后,波特花了一个上午细读工厂里曾经用过的不同类型的翻译文件。他试图找到一些规律并设法用一个万能格式套用所有流程,但现有的文件格式完全不同。其中有庞大的、包含了冗杂技术细节的文件,而处理这些文件的流程一团糟。

他很惊讶地发现居然没有一个人明白整个流程是怎样运作的。每个部门只负责独立处理自己的文件,大家的方法各不相同。波特努力在每个区域找一个关键员工。

跑了不少部门后,波特找来一群来自工厂不同部门的员工,来帮他理清整个流程。波特和每个人单独交流,收集事实并听取意见。但他还需要了解更多的关于文件翻译的实际过程。

波特去了一趟阿克米的IT部门。在一个没有窗户的空调机房里,他遇到了两名技术员——里克和特里,他们负责维护IT系统,处理传输大量来往于阿克米及其日本总部之间的数据。里克和特里自阿

现场观念

桑德森记得从他第一位老板那里听过一句话:学生没学会,那是老师没有教好。桑德森尝试教会波特和其他人如何学习一个具体而灵活的思维方法,让每个员工通过到现场观察,掌握事实,在实践和理解现状中边做边学。这意味着在车间、办公室,或是装卸区进行教学,而不是通过正式的培训。

桑德森需要把解决问题的流程当作一个培训思维方式的新方法(桑德森知道,这个方法是教他那句有关学生/老师的话的日本导师在几十年前,从他的美国老师那里学来的)。⊖

桑德森同时需要鼓励

⊖ *Training Witbin Industry Report*, (Washington, DC: War Manpower Commission, Bureau of Training, 1945).

克米在美国开始运营时就负责此系统,因此他们对于历年来发生的问题了如指掌。所以每当有任何数据传输问题发生,无论是文件损坏还是打印问题,工厂的每个人都知道去找里克和特里。

在建厂初期,他们都很关注文件翻译问题。这一点也不奇怪,因为发生在数据传输过程中的普遍问题也会在翻译文件中体现出来。一个普遍的问题就能使技术文件无法正常打印。

只要这个问题一发生,人们就会叫里克和特里来帮忙,因为他俩知道如何把文件打印出来。因此,他俩见过许多来自不同部门的各种翻译文件,也很清楚这些文件的来龙去脉、数量、问题、用户,以及困难,等等。对于波特来说,里克和特里就是信息金矿。

文件翻译流程只是里克和特里的一个副业,但当有问题发生时,则变成了一个大麻烦。一切正常时,没人想到他们;当问题突然出现时,他们就得出来收拾。

对于来势汹汹的新文件翻译流程的诸多要求,他俩自然感到有些压力。所以每个人去清楚地说明并提出他们的问题。A3格式提供了一个引出他们对问题的看法和解决方法的平台。同时A3也创造了一个双向的沟通机制,使得对问题的理解不断地深化。

A3辅导的理念本质要求桑德森保持耐心,在各个细节慢慢教导波特。就像其他的主管一样,桑德森也面对达成公司指标的压力。他自己的A3是针对工厂整体质量和运输延误的问题,其中翻译质量差,也是造成该问题一个因素,这也反映了此次A3管理流程必须成功的紧迫性。

实际上,他的时间计划反映了这些关联的需求。把这些需求放在一起,最后形成一个时间驱动的计划,包括众多关联部门组

当波特来的时候,他俩都有些警惕,但后来逐渐就兴奋起来了,对有人倾听他们的问题感到高兴。

波特一边倾听他们的苦恼和"战斗"故事,一边常常把对话拉回到文件翻译上。波特感谢他们两位的帮忙,并问道:"有哪些事情你们觉得我应该知道的?"

"嗯,大部分文件都涉及工程部。"里克说道。

这证实了波特从弗朗西斯那里了解到相关记录,把这些记录制成饼图后,显示出工程部门的翻译文件最多。

"是的,但大部分头疼的问题来自制造部。"特里补充道。波特介绍了他和弗朗西斯提出的引入竞价流程来选取最好的翻译供应商。

"好的,我们知道应该选哪个。"里克的回答得到特里的赞同。

当里克和特里推荐麻烦最少的翻译供应商时,波特飞快地记录着。再次感谢他俩提供的帮助后,波特收起所有的表格,去和桑德森就他的发现交换一下意见,波特对于自己提出的通过竞价选取供

织间的项目活动和目标,这些部门组织互相依靠,并通过努力完成各自部分的任务,而保持步调一致(见图2-2)。

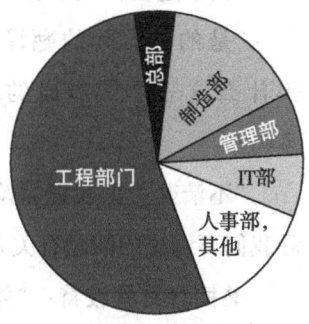

图2-2 文件根据部门分类

桑德森是扩建投产项目经理,但对于很多相关的职能部门,他没有直接领导权。他需要让这些部门齐头并进,即大部分情况下独立工作,但仍保持步调一致。尤其是产品开发、销售和市场部门完全不受桑德森的监管或他对这些部门的影响程度较小。但这些部门都依靠他负责

应商的方法感到很满意。"很高兴看到你对于整个流程有了更好的掌控。"桑德森回答道:"实际翻译的工作过程是怎么进行的?"

"实际过程?"波特问道。

"是的,实际的翻译工作。你知道为什么这三个供应商的绩效差得那么多吗?"

"不清楚,但我能冒险猜一下,可这和我们要解决的问题有关系吗?"

桑德森看着波特:"你想理解真实的问题,对吗?"

"明白了,回到现场。"

波特开始研究那些翻译供应商。他发现那些翻译者也很沮丧,因为他们面对了很大的麻烦。很多收到的日语文件都字迹模糊,他们把原稿转成可以读的格式往往比实际的翻译还要花更多时间。

文件包含了许多配图和图表,都很难如实地翻译和再造。更有大量公司特有的习惯用语、俗语和缩写,它们随工作场合,甚至工作的变化而变化。

他发现待翻译的文件有三种基本类型:

的生产和物流来保证及时向顾客交付高质量的正确产品(见图2-3)。

桑德森面前有大量的工作。

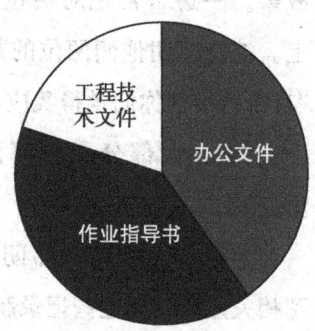

图2-3 文件根据类型分类

1. 办公室文件，如规定、手续和普通培训资料，这些由普通翻译就可以完成；

2. 工程技术文件，需要有工程背景的人员翻译；

3. 作业指导书，详细描述标准化作业的文件，这些文件最好由离现场最近的人完成。

波特叹了口气。他对于问题了解得越多，问题就变得越有挑战性。在去现场前，他掌握了一些数据，并基于自身经验得出一些想法。既然已经去过现场了，他以为可以制订一个更好的计划。即使他不确定如何来解决这一大堆的混乱问题，或是理解为什么事情会变得这般杂乱，他第一次感觉自己已经开始看到这些问题了。

波特想，大概这就是有了进展所应感觉到的兴奋。他又一次坐回到他办公桌前描述问题，他已经去过现场，并从观察中有所学习。他重新写了一个 A3 题目："建立翻译文件的可靠流程"，这代表了在调查中他所看到的。随后，他仅在"背景"和"当前情况"中填上内容（见图 2-4）。

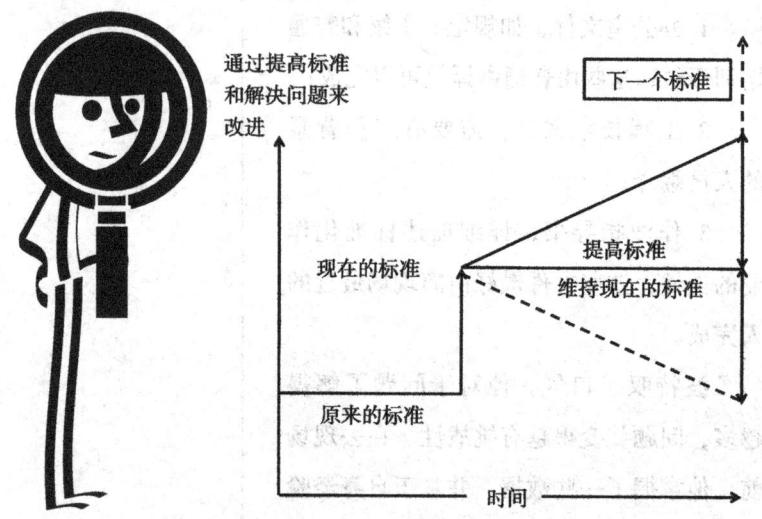

所谓问题，就是在既定时间内，工作表现与预期的表现之间的差距

图 2-4　什么是问题

问题是什么

首先问，什么是问题？公司花费了大量的时间和精力争论、探索并尝试解决方案，但有多少次问题是被清楚地提出并得到回答呢？"到底是什么样的问题需要我们去解决？"

当我们提到"问题"的时候，能够简单地说明它是很重要的。问题是阻止公司达成目标的障碍（一个暴露出来的问题或一个已呈现在你面前的事件），并且从某种程度上讲，问题与工作设计和执行的方法也有密切的关系（作业问题）。了解问题解决与改善之间的关系，以及改善与标准化作业之间的关联，将有助于解决暴露出来的问题。

剖析问题和改善问题：

暴露出来的问题和工作问题。暴露出来的问题是你面对的问题，一个企业内部的"病痛"，或是期望与实际的差距，如盈利降低、成本上升、销售下滑、安全隐患，等等。工作问题是任何与标准化的作业方法，或是常规程序及套路（"Kata"）的偏差。"Kata"指的是基本的武术动作，但也可以指任何基本的工作、程序或模式。可识别的动作样式和明确的期望，不但使不正常情况（问题）更容易被识别出来，也同时作为改善的基础，设定并建立一个更高的标准。

问题和改善。无论是尝试保持当前的绩效水平或是瞄准更高的目标，确定标准是前提条件。正如前面的图 2-2 所示，对于目标绩效和当前现状之间差距的理解，为绩效改善打好了基础（见图 2-5）。

改善和标准化作业。标准化作业在改善中的核心作用是 TPS（丰田生产方式）在丰田公司以外最重要也最未被充分利用的一个方面。对于标准化，一个普遍的错误理解是它是管制、命令或是控制。其实不然。标准化作业的真正价值是作为试验的基础。标准被作为比较的参照基础，也是改善的基准。只要当前的标准还在，那么就不应该有任何偏差。然而，如果有人对于自己的工作方法有更好的想法，并且这个想法被提议后获

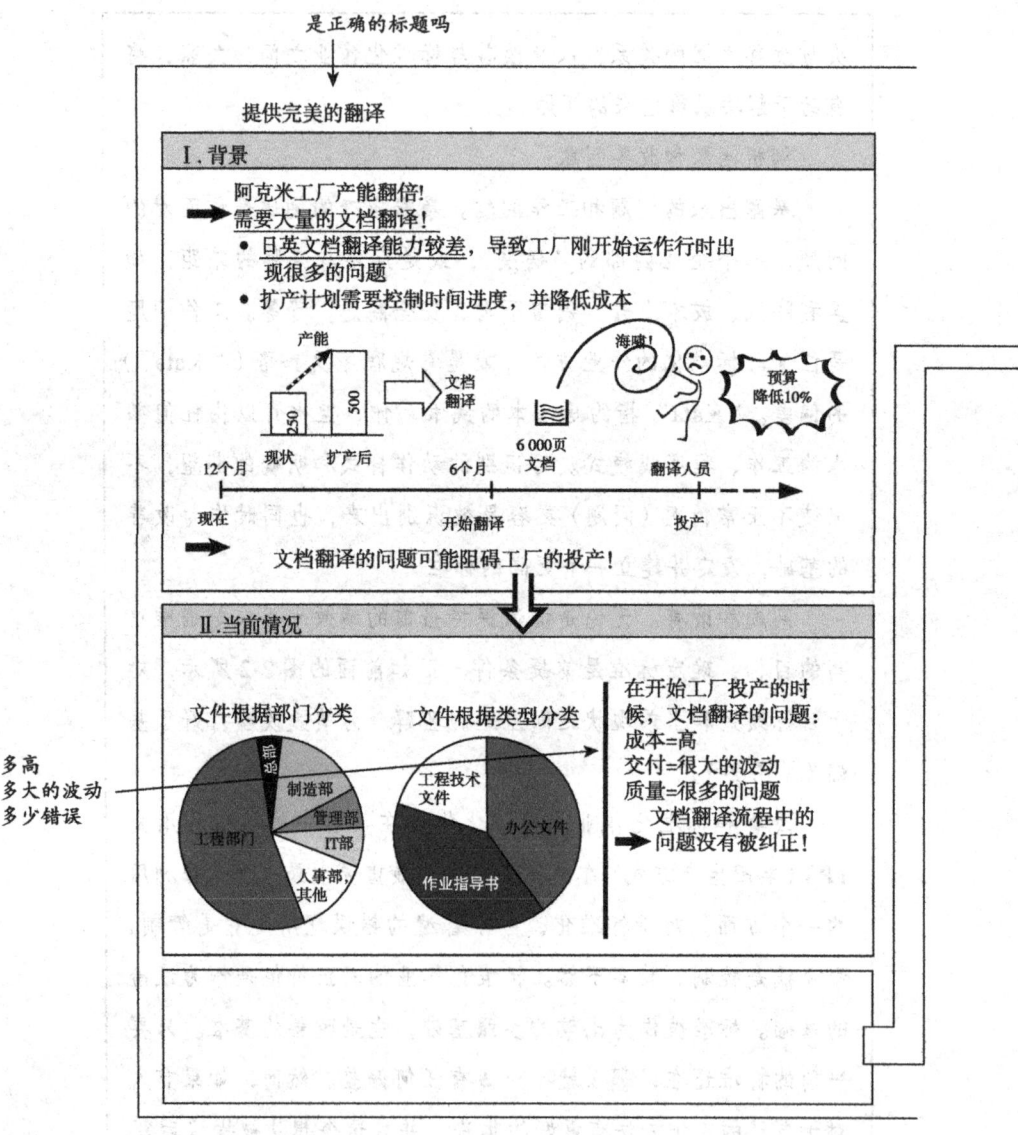

图 2-5

第 2 章 掌握实际情况：到现场去 39

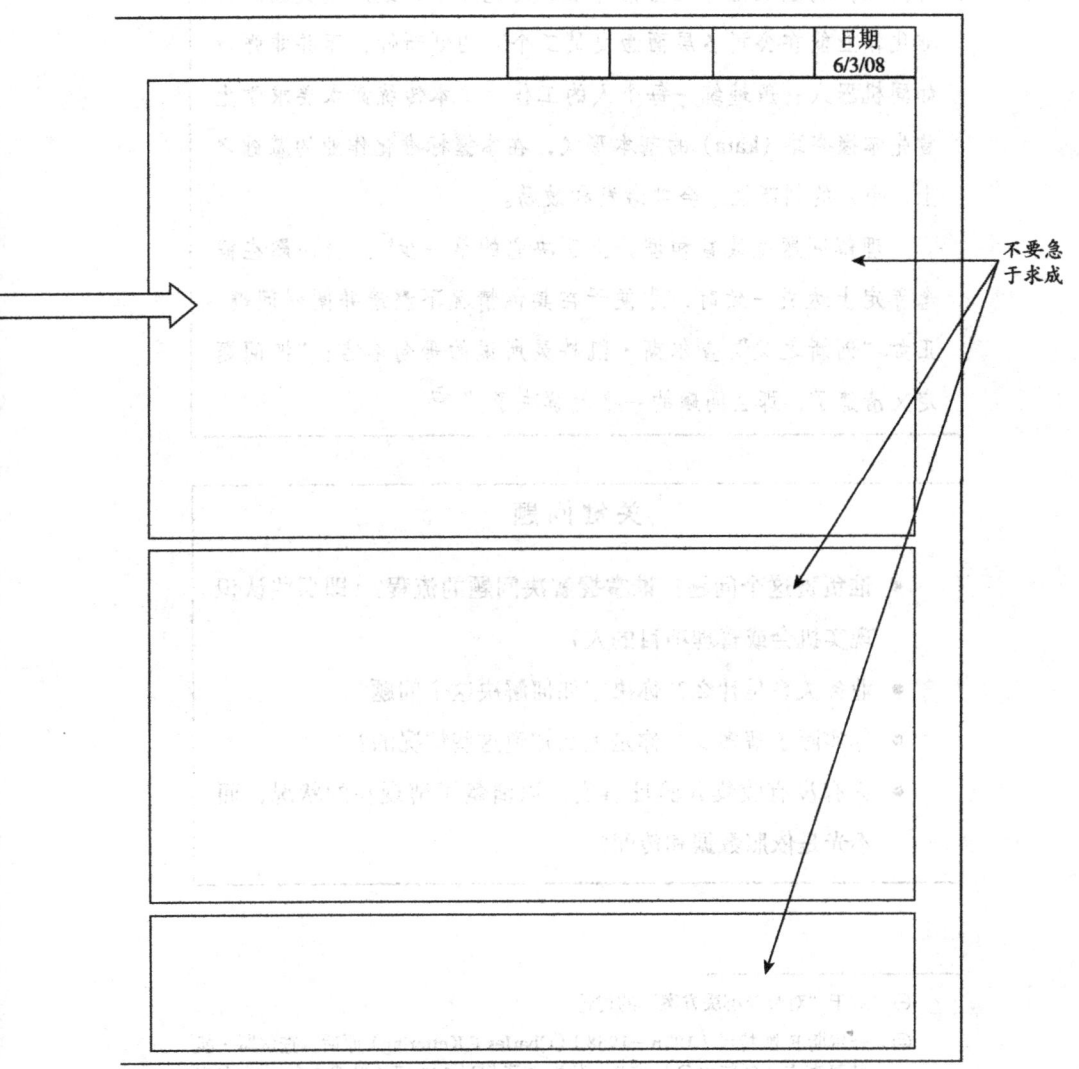

波特第一次修订的 A3

得批准，通过试验并和当前标准做对比评估，最后被奖励。标准化作业能在公司各层面激发员工个人的创新性，而并非强行如同机器人一般地统一每个人的工作。日本传统武术要求学生首先掌握套路（kata）的基本形式，在掌握标准化作业的基础之上，个人的创新性才会被激发和鼓励。

理解问题是改善和理论上解决它的第一步[一]。当问题在概念界定上达成一致时，才便于在具体情况下澄清并阐明问题。正如"创新之父"查尔斯·凯特灵所说的那句名言："把问题定义清楚了，那么问题的一半就解决了。"[二]

关键问题

- 谁负责这个问题？谁掌握解决问题的流程？（即那些认识现实机会或管理项目的人）
- 业务关系是什么？你决定如何解决这个问题？
- 你实际了解多少？你是怎么知道这些情况的？
- 你有没有收集并验证事实，以清楚了解现在的状况，而不光是依照数据和传闻？

[一] 对于"对策与解决方案"的讨论。

[二] 查尔斯 F. 凯特灵（1876—1958）(Charles F. Kettering) 原话。查尔斯·凯特灵享有"创新之父"盛名，他拥有了超过140项的发明专利，30多家大学授予他荣誉博士学位。

- 有其他的人一起参与吗？
- 问题是什么？你能否言简意赅地定义"暴露出来的问题"，即当前面对的实际业务矛盾？
- 你有没有去现场？

Managing to Learn | 第 3 章

目的与分析
寻找根本原因

最初，对于文件翻译的问题，波特试图寻求一个简单、迅速的解决方案，但经验表明，他必须找到问题的根本原因。经历了一些失误后，波特开始更加深入探究问题的根本原因，分析错误和缺陷是如何产生的。通过桑德森的指导，波特了解了如何使用"5个为什么"的研究方法，来找出真正的问题点，通过谈话等活动，将这些事情的真相一一展现出来。

同时，桑德森通过给波特制定学习和发挥主观能动性所需的阶段步骤，不断地教导波特；与此同时，桑德森也对自己所面临的各种问题，积极地展开分析。此外，桑德森用阐述解释潜在系统原因的方法，展现所需的工具与技术，由此使每一项工作都成为学习活动。波特一旦掌握找出问题根本原因的技能，那么他就可以自主地不断成长为一个领导者。

问题是什么

当桑德森研究波特的最新 A3 报告时，波特自豪地指出，他是如何跟踪记录那些可能影响翻译过程的活动，并用图表和电子表格来说明他的观点。他对新修订的 A3 报告感到非常兴奋，因为这清楚地表明了他重新设计翻译作业，并建立标准化的意图。

波特对桑德森说："问题是没有标准化作业。我认为如果我们能做好如何翻译文件的标准化，那么可以又快又好地完成任务。当前所存在的延误、理解错误、工期不定等问题，用标准化的模板将可以得到很大程度的解决。"

考虑到波特的情绪，桑德森勉强点头认可了波特的报告，停顿了一段时间后对波特说："请记住，A3 报告不仅是对情况和数据的收集，而应该是描述一个问题解决的故事。我建议把所收集到的情况和数据带到现实中来，然后指出一条改进未来状态之路。"

"从目前这个 A3 报告中可以看到，你通过现场调研，做了很好的数据收集工

不要逞英雄

波特已经到现场调研，并积极主动地提出问题解决的建议，这固然令人高兴。但是，波特的快速办法仍没有掌握精益的精神，这令桑德森不安。

一种快速并简单的降低成本的方法，也许可以简化流程，但是它也可能产生一些其他的浪费，甚至不能解决真正的问题——无论这些问题是什么。因此，当前的主要挑战是波特还没有真正地定义好问题的所在。

波特已经认识到了总体状况的复杂性，这将有利于明确和理解标准工作。然而，波特似乎仍用过去的方式分析问题，以追求一个"漂亮"的解决方案。

作，并且还得出了从整体过程消除差异的方法。但是，你是怎么断定，这个问题就是真正问题的呢？"

波特感到有些迷惑了，难道自己没有做到这一点吗？他有一点气馁地回答道："难道问题不是我们没有标准化作业吗？"

桑德森拿着 A3 报告走到波特的办公桌，在尚未达成一致的观点前，先不往下展开更多的研讨。他让波特回到 A3 报告，重新审视改进的目的与目标以及原因分析部分。"你需要进一步看清楚，究竟是什么问题导致了不良的后果。然后，再针对每一个问题确定其根本原因。"

桑德森继续说道："我对这个问题的实质和原因仍感到困惑，这里需要非常小心，避免将症状、根本原因和解决方案搞混。有一部分我还没有搞明白，你所提供数据的哪一部分指向了我们要面对的问题（其中有一些支持你的解决方案，而其他一些则只给出我们一些实际结果或问题的症状），我们需要做进一步研讨。如果那些支持于你的解决方案的数据都正确的

桑德森知道用直觉本能去"解决"一个感觉上好像已经搞清楚了的问题是很诱人的，尤其是在波特刚开始负责流程改善的阶段，这一点对任何人都是很难抗拒的。桑德森先生需要在不打击波特积极性的情况下，削弱这种爱出风头、急功近利的个人英雄主义观念。

桑德森认识到，这是跨国公司的通病，也是他所接触过的每家公司所遇到的问题：顽强的"救火心理"。阿克米公司提供了广泛的精益培训，高级管理者不断地无意识地引发"纵火"，然后表彰救火英雄们。这种处理危机的模式，变相地鼓励了大家采用戏剧性的解决方案，并没有把"防火"工作摆在第一位。

话，那么还需要说清楚，改进的成果与不足是什么。

"组织的真正问题是什么？试着把你所发现的用一个简单的问题串起来：'是什么阻碍了我们实现想达到的未来状态及理想状态？'"

"这个嘛，对一家企业来讲，首要的问题是成本过高。"波特有些沮丧地回应，他觉得自己第一个A3不就已经说清楚了这个问题吗？

"嗯，"桑德森肯定地说，"那么这一流程的使用者更关心的是什么呢？这是不是导致问题的根本原因呢？这个流程给其使用者，也就是需要这些翻译文件的工程师和其他人，造成了什么"问题"？成本是他们最关心的事情吗？"

"难道成本不该是人人关心的事情吗？"

"成本始终是令人关注的事情。但是在翻译文档这件事情上，成本是最受关注的吗？你问工程师和其他人，他们最关心的事情是什么？他们的回答肯定是要支持新产品的开发，对不对？究竟文档翻译的

桑德森希望波特能看清这种英雄主义的缺陷，并引导他采用不同的方式。他引用了棒球运动中游击手的故事，游击手要在一开始常常离开自己的位置，这样才能发挥出巨大的作用。

也许更糟糕的是，波特始终把改善工具当作锤子，不断地寻找可以被锤击的钉子。他还不明白，如何从一个标准化作业的解决方案中退出来，去观察一个作业的问题。根据波特过去的经验和所受的精益培训，发生这种事情是很正常的，表现出来的现象就是尽可能抓住个人所熟悉的领域，比如这里的标准化作业。

在阿克米公司，这也是一种较常见的问题。很多人在接受了一整套精益

什么问题会影响产品的开发呢?"

波特想了一下说:"我知道他们最关注的是产品开发过程中需要这些文档的时间节点,如果不能按时翻译完成,会造成各种各样的问题。"

"还有什么呢?"桑德森问道。

"嗯,"波特继续说,"即使文件能按时翻译完成,如果翻译有误的话,也会对产品造成影响。如果在建厂过程中,安全程序翻译出现错误的话,就可能会造成非常严重的安全事故。"

"很好,你刚才的回答已经覆盖了成本、交付时间和质量三个方面,这些对于一家企业来讲都是实实在在的问题,"桑德森肯定道,"你现在知道问题的原因了吗?"

"嗯,通过我的建议,可以通过成本分析给出一个具有竞争力的价格……"波特开始说道。

桑德森打断了他的话,这不是我所问的。我们为什么要花过多的成本?产生成本的原因是什么?

当波特解释说,原因是来自不同供

工具培训后,错误地认为应用工具的目的就是工具本身。为了应对这种局面,桑德森和其他阿克米公司的高层管理团队,积极注意着下属们的一举一动,并及时地给予对根本原因分析的指导。

桑德森对此非常谨慎,因为他不想打击波特对所取得的成绩的积极性,恰恰相反,桑德森先生希望能保持波特的热情,同时引导他将精力集中于问题根本原因的分析上(见图3-1)。

桑德森希望能建立一个问题解决的机制,用事实来反省英雄主义的想法,预防性地减少发生危险的机会(如果棒球游击手的站位恰到好处,那么通常可以发挥出巨大的作用)。比起猎人和英雄来,农民

应商成本差异时,他已经能想到桑德森的下一个问题。

"那么,成本方面为什么有这种差异呢?"

波特意识到他无法回答这个问题,他等待桑德森先生继续讲。

"差异意味着成本不稳定,时高时低,对吗?那么为什么有时成本会比较低呢?存在多大的差异呢?成本是由什么构成的呢?"

波特回答说:"据我所知,大部分预算超支是由于加班和赶工造成的。因此,大多数成本问题的原因在于交付时间。"

"交付时间?"桑德森问道。

"是的,没错。"波特确认道。

"那么,影响交付时间的是什么呢?"

"嗯,"波特边想边回答道,"我认为是工作本身的差异所致。也就是说,有些翻译员翻译的速度比较快,有些文档翻译起来相对容易,要快一些。"

"这非常有意思,"桑德森先生回答道,并且直接指出他希望波特学习的重点,"你是否找出了不同类型文件、不

能更好地描述自己的病症。

因此,桑德森先生坚持让波特在认识和分析问题方面更深入探查,通过分析根本原因,来培养理解问题的能力,同时这样做也能逐渐削弱对"英雄主义"的依赖。由此形成不断学习的精神,一旦问题被彻底地理解,潜在的解决方案自然就会浮出水面。

桑德森看到,波特还不能找出真正的问题,更不用说掌握产生问题的根本原因。

因此,桑德森知道眼前的挑战是让波特认识到他还没能掌握分析问题的方法。他知道这需要经验教训的积累,不是很容易学习到的。于是回顾了自己导师的话:"当你不知道的时候,不要害怕承认

同翻译者所需要的作业时间？翻译文件所经过的步骤是由什么因素决定的呢？最后又是如何交付到所需要的人手中的呢？"

波特意识到他自己对流程的了解，远远不能回答这些问题。但是桑德森先生却坚决要查明这些决定现状与理想状态的关键因素，来协助作业过程的设计，这一点使波特感触很深。

"当然，这是目标状态，真正的目的，"波特思考了一下。他已经有些糊涂了，因为他被现场的实际情况搞得有些晕头转向，再加上以标准化作业作为解决方案，使得他已经失去了对真正问题的观察力。当他被任命负责这个翻译流程的A3时，重新思考之前所讨论的目标——翻译差错、交付时间、成本以及翻译的难易程度。"好吧，"波特思考着，"这些目标与我观察到的状况之间的差距是什么呢？这就是问题所在，我找到问题的原因了。"

'我不知道'，其实这是一个很好的回答。"

第 3 章　目的与分析：寻找根本原因　49

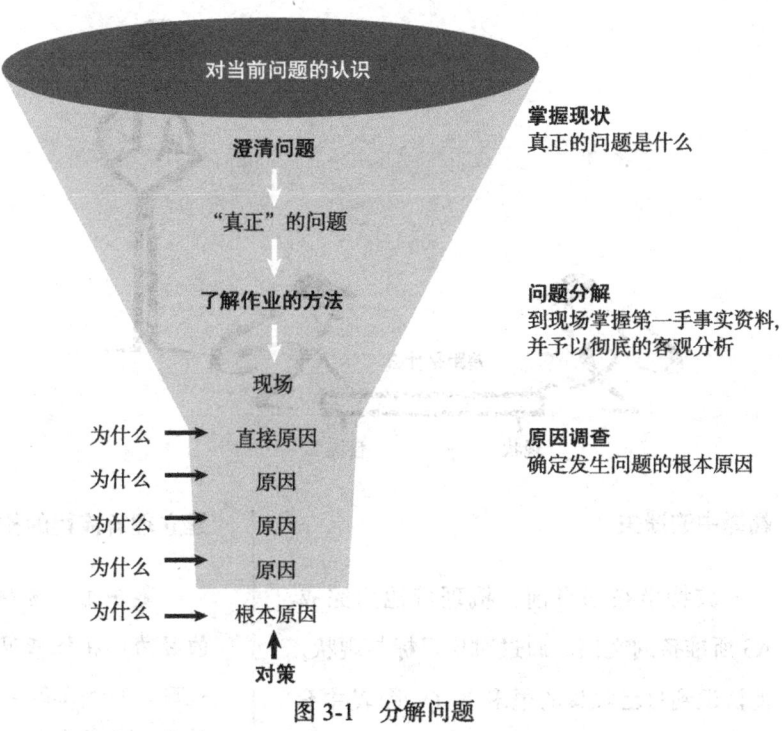

图 3-1　分解问题

> 科学头脑能做出正确回答的数量，远不及能提出的正确问题。[1]
>
> 克劳德·列维 – 斯特劳斯
> Claude Lévi-Strauss

---

[1] Claude Lévi-Strauss, anthropologist.

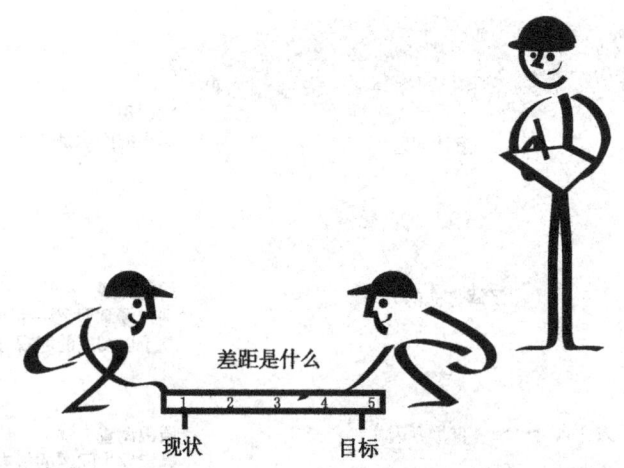

翻译中的遗失

波特坐在书桌前,梳理着他为完成A3所准备的文档。通过对比目标与现状,他认识到自己收集的很多事宜、图表并不相关。

他需要更清楚地理解问题,以便组织自己的思想和知识,关键就是对现状与目标差距的理解。

波特回忆起自己第一次写的A3。那个问题事实上已经很容易地被解决了。通过一个简单的问题解决练习,就发现了一个单一的根本原因,磨床产生过多的废料。有趣的是,机器已运行了将近3年。

建立理解流程的构架

桑德森非常赞赏波特的努力。在他任现在职位之前,也一直在工程部门,并且他的早期经验使他认为A3过程是一个简单的问题解决工具。

工程中应用A3报告来处理简单的问题,并通过推理研究的方法找到明确的解决方案。显然,波特(如桑德森先生之前一样)非常肯定地认为自己已经找到明显的解决方案,追查这个变化并没有那么困难（为什么很好地运行了3年，现在却产生废料呢），那么是什么引起的呢。他回想起当时手里拥有非常丰富的数据，这些数据可以使一切看上去都很简单。

有一些问题比较难于展开明确的分析，并得到解决办法。但是，在问题研究的早期，摆脱一些干扰，是一个良好的开端。对于文件翻译的问题，纸张消耗的数量无法体现质量和交付的问题。IT部门服务器的问题跟踪图也是同样的道理，瑞克和特瑞可以确保在任何问题发生时，迅速处理。

与他沟通的每个人，都似乎有"想法"或意见，而且有一些数据，但很少有人掌握任何事实。在运作之初，究竟采用了什么错误的流程？新流程有什么目标？

"为了解决这个问题，你需要一步步地分解，以便能找出问题存在的原因，"桑德森先生解释道，"找出这些根本原因，将成为对策的目标。"

波特知道他要做的事情了，于是说道："我要更深入地分析问题，找出差距，这一点非常关键。

波特目前面临的翻译问题与大多数非制造流程的问题一样，比工程问题更凌乱。他发现极难确切地找出发生了什么事情（相对工程问题，非制造的问题基本上很少有数据），以便于认识问题，并确定"未来状态"，更不用说如何予以解决。桑德森先生已经做好了用这堵墙来打击波特。

桑德森先生需要帮助波特掌握主要的原则，这将有助于在线索不很清楚的情况下，学习调查过程。

在他设计一个新的系统之前，波特首先需要澄清两件事：事情当前处于什么状态，以及未来需要变成什么状态。

更重要的是，要让波特自己掌握如何解决问题

寻找差距存在原因，以及为什么会发生问题。"波特再次展开调查，坚决地深入研究问题的根本原因。

深入挖掘

波特再次修订他的 A3 报告，记录下他所认为的问题。这一次，他定义的"问题"是现状与目标的差距。至此他已经记不清到底对这个 A3 修改过多少次了。他虽然多多少少感到有些沮丧，因为这件看似简单的事情却是如此困难，并且花了这么久的时间，但是他已经学到了一些宝贵的经验。

例如，波特现在认识到，他不能直接跳到解决办法，必须花更多的时间就工作是如何开展提出相关问题。他追踪一份特定的文件，经过翻译的每一个步骤，来观察究竟发生了什么事情。他不再很快地下结论，取而代之的是，继续深入调查事情究竟为什么会发生（见图 3-2）。

现在波特认为他对 A3 目的 / 目标的思考以及对差距的分析，最终将帮助他达到目标。

的能力，并应用这种问题解决的技能，一次再一次地解决今后所遇到的问题。

为什么要问为什么

桑德森对波特的进步感到鼓舞。波特正在提高自己的能力，把对作业的深入观察作为"透镜"工具，将其贯穿于更多思考、调查、策划之中。

但桑德森还是要预防这一点转变为波特所带来的满足感，导致退步的情况发生。因为波特长期依靠工具来帮助他获得短期收益，这一点可能会限制他真正地提升。通过多年的实践，桑德森懂得精益管理是一套由技术综合而成的系统。孤立的应用某个工具，都会偏离方向。只有一起使用构建出一个商业系统，才能实现特定

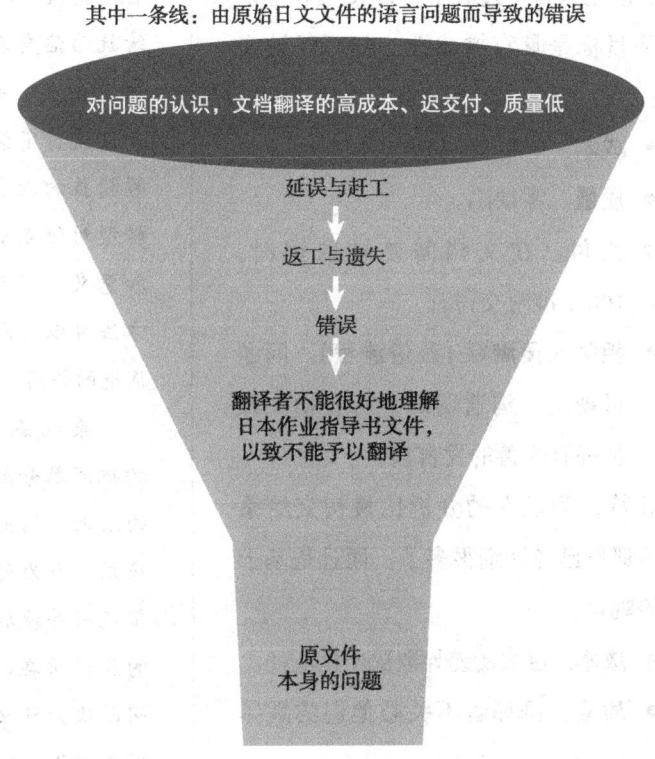

图 3-2　分解波特的问题

在 A3"目的/目标"部分，在与桑德森最初交流的基础上，波特写出了他认为合理的目标，他的观察来源于现场，实的商业目标。

所以，在这个阶段对这个道理理解不够，可能

时地反馈也来自对过程的实际接触。他认为以下目标是具有挑战性，但可以被实现的：

- **成本**。降低翻译成本的10%。
- **质量**。零缺陷。
- **交付**。在文档需要被取用时，100%准时交付。
- **相关人员满意（改进流程）**。问题目视化，沟通明确，所有相关人员都有改善的发言权。

波特认为现在的分析比最初交给桑德森的那份已经详细很多了，而且是基于详细的观察：

- **成本**。巨大的差异取决于供应商。
- **质量**。翻译者不关心他们的翻译质量。
- **交付**。翻译者不重视最后交付期限。
- **相关人员满意（改进流程）**。问题涉及每个人，而且大家都对此非常不满，解决这些问题可以使每个人都更开心，并且还会使今后的工作开展得更顺利。

会很危险。取得了一点成绩就沾沾自喜，这样会降低紧迫感，分散注意力，并使波特不能真正深入理解精益的理念，以及精益转型对阿克米公司的作用和意义。问5个为什么的方法可以对加深理解起到促进的作用。

桑德森需要帮助波特把问题分解到可以解决的层面。因此，重点并非应用5个为什么，而是希望能引导波特去理解问题的原因所在。有时候通过问两次为什么就可以找到根本原因，有时候需要追问更多次的为什么。桑德森明白，在缺乏相关知识和经验时，这样反反复复地问为什么，是会激怒他人的。波特和其他阿克米公司的员工，还需要在精益理解方面得到进一步的

波特走到桑德森办公桌前，递上了新的 A3 报告，然后坐在桑德森面前。

桑德森问道，"为什么在需要的时候得不到翻译好的文件？"

"在这里。"波特指着交付分析说道。

"是的，我知道，但你要试着从顾客的角度回答我刚才问你的这个问题。作为等待翻译文件的工程师他会说什么？"

"那些聪明人会说，他们打印机不能按时打印出文件来。"

"好的，为什么他们不能按时打印出文件来？"

"这是什么，20 个问题吗？"

"不，只有 5 个，"桑德森回答道，"5 个为什么，就是要不断追问为什么 5 次或更多次，直到发现问题的根本原因。在这个过程中，我们要注意不能把问题越问越大，最后超过了我们所能控制的范围，这样就失去了问为什么的作用。"

波特说道："好的，目前除了 IT 系统偶尔出现问题外，里克和特里可以及时处理。但翻译文档实际上不能及时完成，并被输入系统中。"

提高。

桑德森在公司日本总部工作期间学习到，在不了解实际情况下，(通过问 5 个为什么就能呈现出来的事实)，去赞同一个解决方案，这样的做法是被极力禁止的。同样被禁止的是任何形式的突发奇想。桑德森很高兴看到波特正在学习这方面的知识。

"为什么翻译文档不能被及时输入到系统中呢?"

"是因为翻译人员要花更长的时间才能完成吗?"桑德森微笑着问道,"为什么会发生这样的事情呢?"

"因为翻译人员的作业步调不同,还有一部分是因为工作的类型各式各样,也就是翻译文档各有所不同,"波特指着一系列分析图表说道,"实际上,当其他人没有工作可做时,有一些文档是被按时或提前翻译完成的,但是这些文档就放置在已完成工作篮中。"

什么是5个为什么

这是一个成功推行丰田生产方式简单但非常关键的工具,通常被称为"5个为什么"。具体地说就是,当问题发生时,重复地追问"为什么",来找到隐藏在表面症状下的根本原因。

大野耐一先生在解释为何这一做法为丰田系统提供了有效的科学依据时曾说道:"丰田生产方式是建立在对科学方法实践和发展基础上的。通过问5次'为什么?'并予以一一解答,这样我们就可以找到隐藏在表面症状下问题的真正原因。"①

大野耐一先生提供了一个问5个为什么的例子。当面对机器停止工作时，重复地追问，就可以得到以下的发现：

一问："为什么机器停了？"

答："因为超负荷，保险丝断了。"

二问："为什么超负荷呢？"

答："因为轴承的润滑不够。"

三问："为什么润滑不够？"

答："因为润滑泵吸不上油来。"

四问："为什么吸不上油来？"

答："因为油泵轴磨损、松动了。"

五问："为什么油泵轴磨损了呢？"

答："因为没有安装过滤器，混进了铁屑等杂质。"

由此形成了清晰的逻辑关系，使团队的每个人都可以明确地去专注重要的事项，并在生产过程中进行研究讨论。

为什么要问"为什么？"，对此大野耐一先生解释道，谁、什么、何时、何地、如何，这些因素姑且重要，但是"为什么"可以将其统统取代。大野耐一先生曾写道："5个'为什么'等同于一个'如何'。"② 有效进行5个为什么的探查，可以避免

---

① 大野耐一（Taiicho Ohno），Toyota Production System: Beyond Large-Scale Production (New York: Productivity Press, 1988).

② 大野耐一（Taiicho Ohno），Toyota Production System: Beyond Large-Scale Production (New York: Productivity Press, 1988).

> 争辩谁负责的时间、精力浪费。大野耐一先生的忠告是，不要直接跳进问题的解决方案，要将精力集中于从中学到了什么，以及确定起因结果的过程中。不要将你头脑的创造力花费在一个错误问题解决方案上。首先大家要研讨问题的根本原因。

波特的问题分解

桑德森在与波特的最后谈话中，鼓励他更深入去挖掘这些他已经察觉到的问题：

- 为什么会出现错误？都是什么样的错误，问题会出现在什么样的文件中？
- 为什么不能百分之百地按时完成？延误的百分比是多少？是如何被延误的？
- 文档为什么会被卡在流程中，甚至造成文档遗失？有多少被遗失？当遗失文档后会发生什么事情？都会出现哪些可能的情况？（见图 3-3）

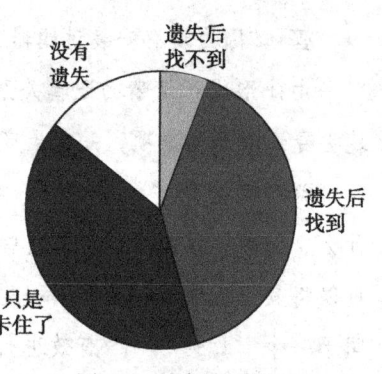

图 3-3 翻译的遗失

问题背后的问题

波特在现场调查时意外地发现到，翻译人员不仅翻译水平存在不同的级别，而且翻译人员还有不同的类型。有些人善于理解技术方面的语言，有些人更加熟悉日语和英语之间的细微差别，还有些人精通特别的技术术语。波特发现这样的情况导致了很大的差异，他开始观察这些不同之处，与交付时间之间的关系。

桑德森问道："为什么有时候，一些翻译人员延误交付，并且难以赶上进度，而其他一些人却无事可做呢？"波特说道："即使他们的翻译速度差别很大，有时也只能尽量减少一些工作。我觉得原因是没有依据翻译工作的类型，及每个人的翻译水平，去平衡工作量及计划时间安排。"

"很好，"桑德森鼓励地回答说，"但是一定要注意将问题及对策分开。的确，分配工作是我们的责任，当我们分析工作量和计划时间安排时，必须了解这些翻译

现场发现

当波特整理分析阿克米公司不同类型翻译文件的问题相关数据时，他很惊喜地发现了一个明显的趋势。依据文件的类型特点分类，可以协助他解决质量和交付时间的问题，以及降低相关的成本：

- 尽管工程技术文件占了总数量的将近一半，但是发生交付或质量问题的比例却很低。
- 办公文件发生交付或质量问题的比例与数量成正比。
- 作业指导书，这个确保开发成功必不可少的文件，发生质量和交付问题的比例，相对其数量而言，非常高。

波特采用柱状图来分析作业指导书中翻译正确与错误的状况（见图3-4）。

桑德森感到高兴的是，虽然波特修改后的分析事项与先前相同，但对

人员。不过，你遗漏了一个步骤，你知道是什么吗？"

"嗯，"波特回答说，"我目前还不知道如何去处理这个不同翻译速度的问题。"

当桑德森对他笑了一下时，波特用手拍了拍额头说道："当然！"

"一点不错，"桑德森完全赞同波特的想法，"问题并不是'该如何去解决？'，而是'为什么翻译人员的速度差别这样大？'"

"明白了，"波特迟缓了一下回答说，"但是我能对翻译速度不同这件事做什么呢？翻译文件类型的差别是实际存在的啊？"

"是的，可能如此，但我们现在还不能肯定，不是吗？就这一点而言，我们也还不知道会有什么样的可行对策。"

"这也就是我为什么必须到现场去的原因，对吗？"波特完全赞同桑德森的想法，笑着说。

"不断地问自己'为什么？'，即

问题和潜在原因的理解却截然不同、更加深入了：

- 成本：过多的赶工和加班归咎于延迟的文件。
- 交付：经常的延误归咎于返工，以及文件在系统某个地方的遗失。
- 质量：许多返工和错误很大程度是由难于表达造成的，特别是作业指导书。
- 相关人员满意（改进过程）：问题使每个人心烦与抱怨。

成本问题完全与交付或质量相关。交货问题可以被分为两个基本要项：或是因为大量的返工，或是因为在系统的某处遗失。波特关注这两种问题的相关数据后，获得了重要的发现：文件类型和遗失可能性之间是没有关系的，遗失是所有文件的一个共性问题。但是就返工问题，这些数据和问题分析揭示了不同的结果：一些类型的文件造成了非常大的返

使你认为你已经发现了问题,"桑德森说道,"这才是使用5个为什么的真正目的。目标并不是一定要问5次,而是不断地促使你思考问题的根本原因,不管最后是问了两次还是10次。对于复杂的问题,你还需要使用更多你在工业工程中学到的解决问题的方法。例如帕累托图、鱼刺图,等等,其中有些可能适合分析翻译问题。深入地分析才刚刚开始,当你需要帮助时,我会支持你。"

工量,比如作业指导书。

这一发现使波特在向桑德森陈述问题时,表现得与以往不同,这大大出乎桑德森的意料。当他描述问题为"作业指导书翻译质量一次合格率低"时,很明显原因不是因为翻译员缺少资质或能力。相反,原因是在没有亲眼看到或实际操作的情况下,仅仅凭借日文原始文件粗略的书面说明,很难去很好地描述作业过程是如何操作的。

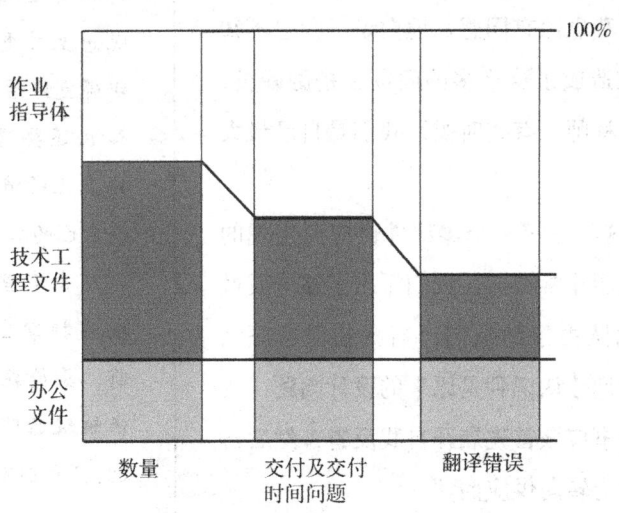

图 3-4 翻译的遗失:翻译问题

谁的错

　　波特对问题的调查和追踪，回到了通过假设和分析树来揭示这个既出人意料，又令人困惑的过程（见图 3-5 和图 3-6）。翻译员的工作差异，这个波特期待热衷解决的问题，在很大程度上是由原先编写原始文件者所引起的，也就是整个过程中波特试图令其满意的"顾客"。

　　波特与里克和特里沟通后，决定与工程部的安娜谈一下。安娜负责一般技术文件编目、翻译等工作，她说："的确翻译员对我们内部使用的不同术语感到非常苦恼，我也深有同感。坦白说，我也不知道是谁造成了这么多的问题，是翻译员，还是工程师。有些时候，我们是自己最大的敌人。"

　　"这与去年一个零部件供应商出现的质量问题非常类似。我们派出了整个质量技术团队去帮助他们，当找到根本原因时，我们才认识到是原来的设计问题。我认为遇事应该首先展开自我反省，然后再将注意力转向供应商。"

人员很好，机制不良

　　桑德森经过很多年认识到，工厂里的许多所谓"问题人员"，是由管理层造成的。偶尔或许真的有一两个问题员工，但多数情况下，安全、质量、交付延误、浪费等问题，最终都可以追溯到管理的流程表现不佳上。

　　桑德森知道，为培养一位工厂的领导者，使波特和其他人建立起这样的观念至关重要。这不仅是获得更好结果的关键因素，而且还要通过精心设计、标准化的流程，来不断改进自己的工作。

　　带有些许讽刺的是，在波特拿出最新的 A3 之前，桑德森取出了这样一张皱皱巴巴的纸，上面写道："我们不仅要尊重每位

第 3 章　目的与分析：寻找根本原因　63

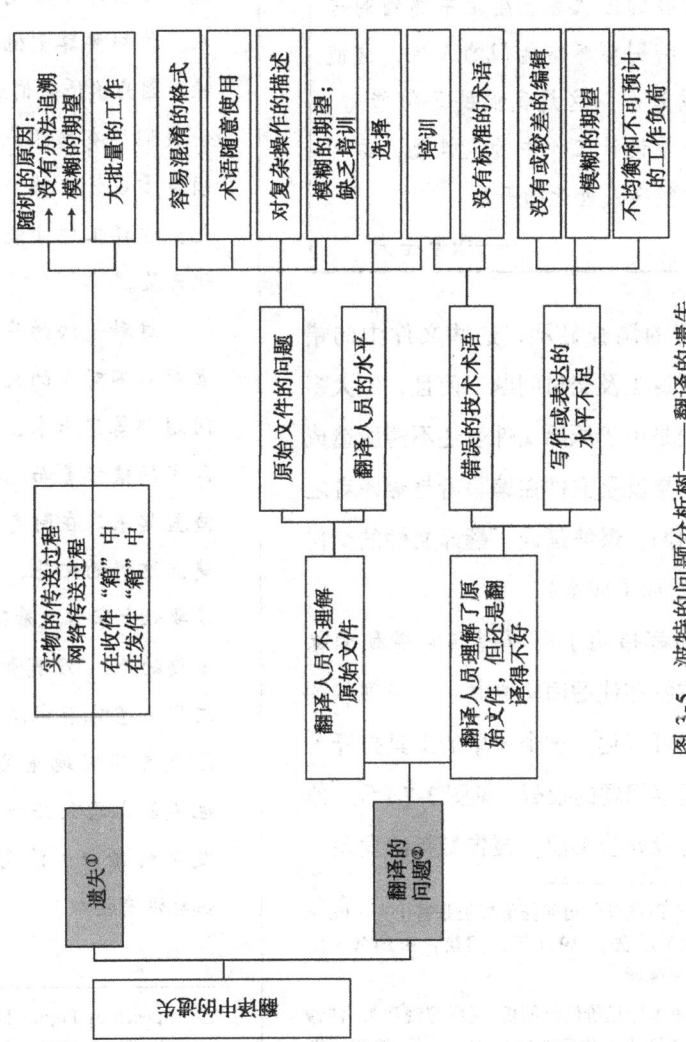

图 3-5　波特的问题分析树——翻译的遗失

① 遗失后找到 = 40%；遗失后找不到 = 5%；被卡住了 = 40%
② 超过 50% 的文档常需返工

> 我们不仅要尊重每位员工,并且要以同样的方式尊重生活中遇到的每个人。特别要尊重他们的人性,这使我们成为人,这是我们的思维能力,必须尊重设计工作中的人性化,这样工作才能很人性化地开展。㊀
>
> ——张富士夫

波特的调查显示,这些文件中的错误导致了返工及交付问题。而且,绝大多数的错误是由于原始文件表述不清所造成的,其结果就是文件在编写者与翻译者之间来来回回,最终延误了翻译文件的交付(并因此增加了成本)。

一切都指明了需要提高质量和消除错误。波特和他的团队绘制了一张现状图来使流程可视化。这个简单的工具打开了每个人观察问题的视野(见图3-7)㊁。他走到桑德森办公桌前,报告最新的发现。

员工,并且要以同样的方式尊重生活中遇到的每个人。特别要尊重他们的人性,因为这使我们成为人,使我们拥有思维能力,必须尊重设计工作中的人性化,这样工作才能很人性化开展。"㊂

这种想法的基础是建立对事不对人的文化,把问题都暴露出来,而不是因害怕被指责而把问题都掩盖起来。在阿克米公司建立这样的文化,关键就是要让大家客观看待问题。重要的是,"没有责备"的文化不意味着容忍问题不经调查研究地重复发生,也不能容忍放任问题重复发生的借口:没有责备,但也没有借口。

㊀ 丰田汽车公司前任董事长张富士夫(Fujio Cho)先生1997年的演讲,由约翰·舒克翻译。

㊁ 更多详见价值流图析:《学习观察》,1999年迈克·鲁斯(Mike Rother)、约翰·舒克著

㊂ Speech by Fujio Cho, Toyota Chairman, 1997; John Shook translation.

成本过多来自返工、赶工和加班，其中大部分是由错误引起的！问题突然变得简单了。当波特向桑德森报告学到的收获时，表现得很兴奋。"干得好，"桑德森赞许道，"但是，为什么翻译作业指导书在成本和交付周期时间方面，会存在这样大的差异呢？"

波特心里已有所准备了。遗失是所有类型文件的共性问题，但作业指导书翻译的返工量却是其他类型文件的两倍。"其他已存在资料使问题更为恶化——缺乏明确的原始文件。原始文件是对作业方式的描述，如果没有亲眼看到实际作业过程的话，是很难描述或翻译的，因为其中大部分的内容都是描述作业过程中细微动作、技巧和窍门的。"

桑德森继续问道："不仅是作业指导书，所有类型文件都存在翻译问题，实际情况是什么样的？"

同样，波特也有所准备："文件的流转完全失控。文件采用大批量的模式流转，我们也知道，大批量会使交付时间延

在这样一个文件翻译的案例中，其问题并不是人，而是作业的系统。波特不仅要改进"单点性"的问题，还需要改进整个运作系统。每份工作的作业方式，从始至终的作业流，每个步骤作业的差异，工作量的波动，作业人员的超负荷，都会对整个运作系统产生大量的浪费。

期,并导致出现其他问题,包括工作量的波动和翻译的错误。"

桑德森点点头说道:"非常好,你已经谈出了问题,剥离了根本原因,并开始探讨各种可能的对策。你需要继续分析对策,这样才能持续改进,"他补充道,"永远不要忘记,要检查作业的设计,流程产生的差异、差距的原因。问题是由作业产生的,因此也是由设计所导致的。"

"但是,这听上去好像是谁设计的工作,谁就应该负责所有的问题,而不是由做工作的人负责。如何适当地把所有重点放在个人的职责和主动性上呢?"波特回答道。

"事实上,这是非常好的问题,"桑德森解释道,"认识谁负责什么,或谁可以'控制'什么这是非常重要的。或者从这个角度来看:如你所知的,我们公司的一个关键工作理念就是在消除浪费的同时创造价值。"

"浪费是不创造价值的任何增加时间、精力、成本的活动。浪费对于一个组织所表现出的问题，通常是由工作设计本身所引起的。任何工作的设计都可能产生波动，或造成超负荷，或在流程中产生浪费，如交付延期和翻译错误的问题。但是，工作可以重新设计，使错误和其他问题不易发生。关于翻译错误的问题，个人并没有发挥其应当的责任，事实上这就是一个重要因素，但是我们并不知道，直到完成了调查。在确定了问题的根本原因后，才能制定消除问题根源的对策，缩小差距。"

波特过去在工厂的运作中，也常看到这样的问题。问题并不是由工人造成的，而是系统导致的。文件翻译的事情也是如此。

桑德森补充说道："你正确地指出了从事工作的人应履行的责任。我们的责任是设计没有超负荷和波动的工作流程，并提供方法和培训，使作业人员可以成功地完成工作，消除浪费，解决作业过程中的问题。"

最后，当波特回到自己的办公桌时，他充满了信心，他已经正确地界定了状态、目标和问题的差距。新 A3 的标题

"实现正确、准时的文件翻译目标",重点不在创建一个完美的翻译过程,而是支持重要的目标。他把 A3 铺设在他的办公桌上(见图 3-7、图 3-8)。

波特通过详细地分析,完成了一个"阶段性 A3"。

关 键 问 题

- 是否确定了真正的问题?
- 是否明确了目标与现状的差距?
- 是否到现场观察与从事这项工作,并与了解实际情况的人交谈?
- 是否明确了真正的商业目标?
- 是否发现了正确的(即最有意义的)信息,以支持分析?
- 是否找到了差距主要组成部分的根本原因?
- 是否用最明确和简洁的方式来获取资料,明确真实的问题,引出对问题的分析并提出对策?

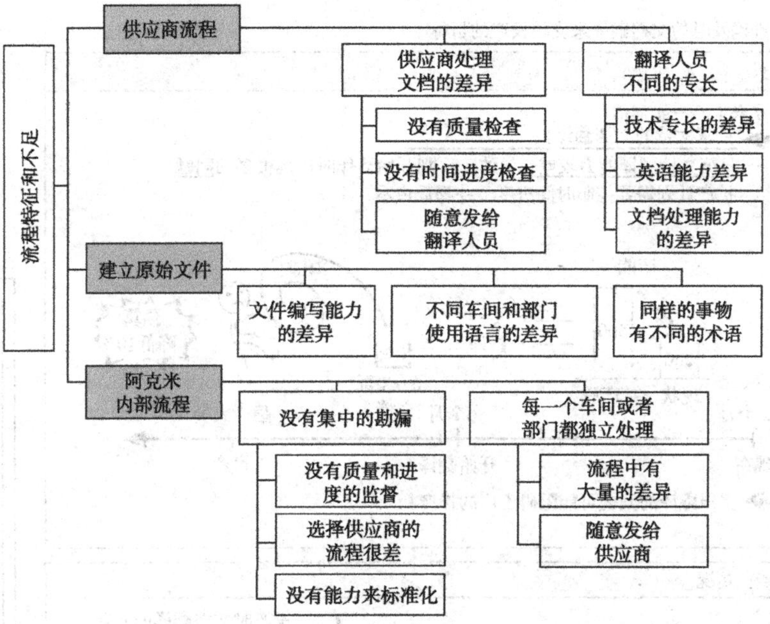

第3章 目的与分析：寻找根本原因

图 3-6　总体的流程分析树

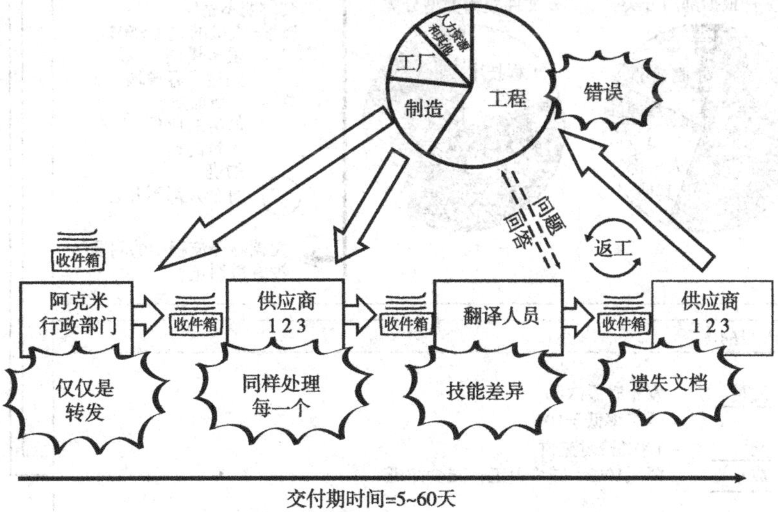

图 3-7　波特的现状图

通过准确及时的文档翻译来支持投产的目标

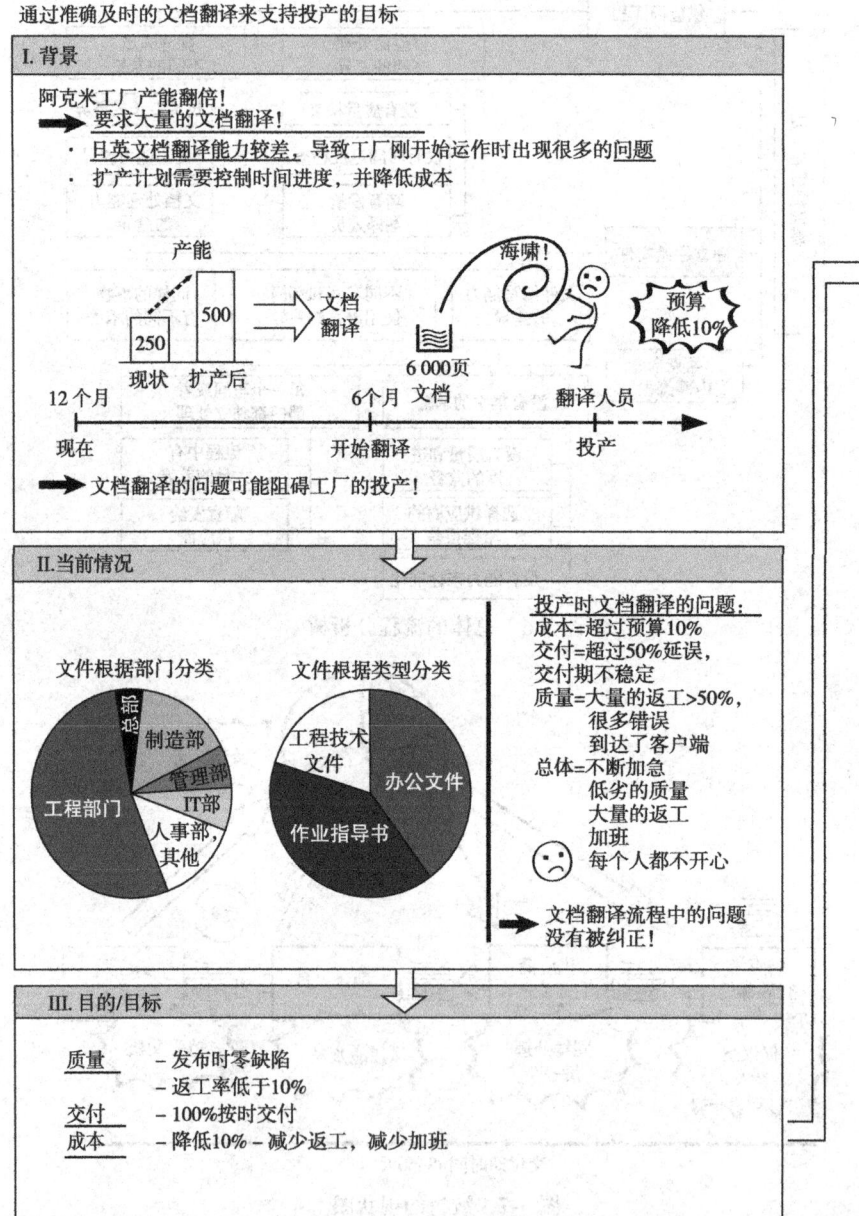

图 3-8

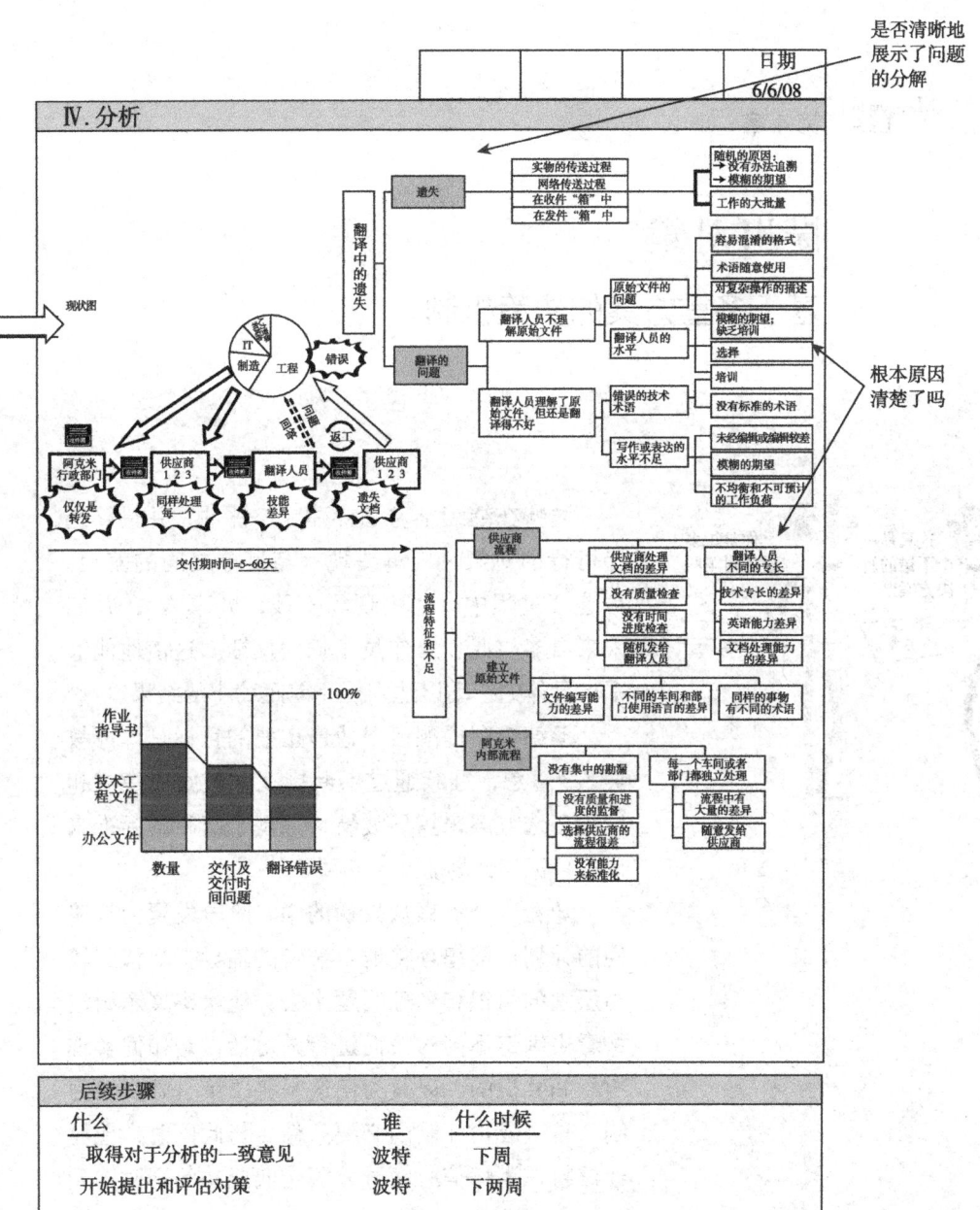

波特的 A3——抓住了问题的核心

Managing to Learn | 第 4 章

提出对策
基于多重方案的决策机制

波特在继续学习怎样建立、评估，并最终选择可行的对策，以解决现状与目标之间的差距。在这个过程中，他去现场实践，分享A3，并加入来自参与此项工作员工们的反馈。这使他能够提出具体的行动以达到能将差距缩小的结果。

桑德森则提醒自己他最重要的目标是谆谆教导A3思想，继续通过不断挑战并鼓励去建立和检验备选方案来指导波特，并基于清晰的标准来评价目标和计划。

随着这个流程从最初的学习阶段发展为战略性的计划，桑德森将他对波特的辅导，转移到较高层次的组织和管理问题上去，他希望展示给波特看由制定不同对策而进行的对话，是如何实现组织间共识的，以及为何这是将决策基础由权力制，转变成责任制的必要条件。与此同时，他要让波特在满怀信心领导公司走向成功的同时，无须担心犯错误，并从中不断总结学习。

波特的进展

既然波特相信自己已经掌握了翻译流程中的问题与根本原因,他开始急切地将注意力转回到就解决这些问题应该做些什么。他应该推荐哪些对策呢?

波特把到目前为止他所想到的不同主意梳理了一遍。经验告诉他没有任何问题是很容易"解决"的,因为光补救一些缺陷,而没有从根本原因上校正,会产生其他问题。过去曾经发生过翻译者自说自话地"修正"了原始日文文件,虽然只去除了一个原文中的名词,结果却导致工厂在实际生产中,出现了严重错误。⊖

波特认识到尽管具体问题看似清晰并有孤立或特殊的原因,但它们往往都像放大镜一样,能收集并放大广泛的行为和流程。这确实出现在翻译流程里。当波特

辅导者的思维

桑德森很矛盾。当波特通过和参与流程的员工沟通找到对策时,桑德森忍住了插手其中,并告诉他具体建议的冲动。同时,桑德森也克制住冲动去干涉波特和员工们的交流,因为一些员工时不时向桑德森直接抱怨,他们看到波特手里拿个A3又来找他们,已经开始烦了。

桑德森可以看到波特建议所指的方向,这让他感到不自在。波特展示了一些进展,当前的A3是一个可靠的方法,但仅是整个翻译问题中的一部分。这有利有弊。

波特当前的A3显示出对问题更深一层的思考,尤其在深度(找到根本原因)和宽度(跨部门)上。但波特仍然困惑于怎样将建议和实际问题联系起来。

桑德森和波特到达了他们学习旅程的危机点。他们

⊖ For more on the see: Peter M. Senge, Art Kleiner, Charlotte Roberts, Rick Ross, Bryan Smith, "Fixes that Backfire," *The Fifth Discipline Fieldbook: Strategies and Tools for Building a Learning Organization*, (New York: Doubleday, 1994).

跟涉及此工作的人们交流得越多，他就能看到更多的潜在的互相交错的问题，而且可以找到更多能改进一部分系统，却又影响其他部分的建议。

收集到所有建议和推荐后，波特继续他的A3。在建议对策部分，他写下了一系列行动计划，对阿克米工厂内所有技术文件中使用的词汇实施标准化。波特强烈地感觉到这个方法将会产生最大的整体改进。

全公司共用的词汇将消除由于不同工作单位用各自的语言，描述同一流程而造成的混淆。例如，"press"是冲压机，除非当它作为动词时，表示使用压力将一个零件贴上另一个零件。那相对简单，但其他应用则可能要视具体情况而定：一个纺织机的线轴，可能是另一台机器的纺锭。

一个通用词汇能在源头上消除混淆，也能在员工中激发起关于他们工作细节的有效对话。它的确有助于更有效的翻译。

在"创建标准词汇术语表"大标题取得了一些进展，但依旧前路漫漫。桑德森努力使波特保持激情，同时让他自己不断总结，并修正工作。

桑德森意识到波特的气馁，因为他所认为的突破，只不过是让新的问题显现出来罢了。因此桑德森继续鼓励波特集中精力在A3学习上，并当波特有条理地处理问题时称赞他。但桑德森既没有对问题细节给予表扬，又没有对解决方案给予表扬。因为这就如不公正地批评波特一样有害。

A3管理经常挑战桑德森的忍耐力，但在他感到强烈冲动要跑到前面时，他必须继续在原地耐心等待。他必须控制强烈的冲动，不去赞扬那些零星的"修修补补"。庆祝英雄式的战役会对每天寻找小问题和异常的持续改善产生威胁。而且，桑德森时不

下,波特写下了实现该计划的三大步骤:

　　1.收集在每个阿克米现场所用的词汇标准和定义;

　　2.以整体角度审视它们,看哪些词汇可以改进,并最终标准化;

　　3.在波特的监管下逐步推行新词汇。

　　波特认为这是个现实的解决方案,考虑到了员工的工作性质及反馈。他希望桑德森可以批准该计划。

不要太快

　　桑德森皱着眉头说:"你的提议确实找到了问题的核心,而且我有信心你的方法能改善当前状况。这里有许多不错的信息,然而……"波特早已熟悉桑德森的"然而",于是振作起来去面对桑德森要说的。"然而",桑德森继续道:"这还是没有彻底讲清楚问题。你在这里所做的一切可能是提出了解决一个重大问题的方法。但我所困惑的是你所发现的事实和提出的改善流程很难联系起来。你没有拿出能让别人信服的根据来支撑改善行动的

时想简单地告诉波特该做什么,然而他认识到如果这样做,在某种意义上就与他传递承担责任制的信息背道而驰。

　　如此的理念只能学会,而不是被教会。桑德森此时给予被动的重要辅导将使其终生获益。

支持解决方案之前先考察其他选择

　　无论A3作者对当前的计划代表最佳方案多有信心,桑德森都鼓励他们为别人的评估准备多重对策。准备许多备选方案,能改善对话质量,并激发更深层次的学习。

　　波特开始意识到他的工作是去探寻更多机会和意见,从中做出更好的决策。但必须找到可行的备

计划。""但是我有！"波特回答，他感到很窝囊也有点恼火，因为他经常被要求重新开始，不能过早判断，也不能直接跳到结论。他目前发现了一个方案，觉得应该能行，而且通过了反复试验确保可行。现在他迫切要完成这项任务，早点结束这个猫捉老鼠游戏。"听着，我们为什么不能先开始这个计划，然后随着进程不断改进呢？我觉得问题不大。""不要太快"桑德森说，试图削弱波特在这个方法上的坚持，并保持他能继续关注，以发现问题产生的根源。"我们有了一个相当不错的建议，包括一个解决部分根源问题的好方法。你找到一个解决部分根源问题的技术方法。但开发标准词汇表能对缩小现状与目标的差距有多大帮助？你预计能缩短多少翻译交付时间？有多少错误可以被预防？"桑德森停顿了一下，他俩随后不说话，继续研究 A3，直到桑德森说道："让我们从后向前来做吧，告诉我你的现场调查找到了什么样的问题根源。然后我们再评估这个对策的可行性。"

"你怎么知道这不是最佳对策？"波

选方案，而不是简单地创造出方案。展示不同备选方案，对获得他人的认可、支持大有帮助。让适当的个人与跨职能团队参与进来，可以为后续的方案实施打下坚实的基础，因为计划本身可以将今后参与的员工的建议考虑进去。到现场不但能共享知识，更能推进责任人的意识。

桑德森开始让波特自己评估不同选项的相对价值，而不是一个给出单纯评判他个人的建议。这样能对 A3 涉及的所有的人更公正和客观。

为一个解决方案进行游说需要有选择性地使用数据。展示一系列的备选方案能使波特和其他人将他们的注意力从寻求"结案"转移到尽可能探索一个合理方案上。尤其对波

特激动地问道。

"我不知道,"桑德森耐着性子回答道:"问的很好,因为我知道你也不知道的答案。让我们再试一下吧。如果执行你的建议,能解决多少问题?"

"嗯,我不敢肯定。"

"你已经揭示了相当多有用的事实,"桑德森说:"你找到好几个根本原因,对吧?从那些根本原因开始,它们将引导你采取有效的对策。绝不要因为一个方案看似不错,而试图去美化它。你想出了一些好点子,但这就是全部吗?那些没有在你的对策里提到的问题怎么办?难道参与流程的其他人没有想法吗?同样重要的是其他人对于你的建议是怎么反应的?"

"我知道,"桑德森继续道:"你已经学会确定问题的专业知识,没有这些知识,我们甚至就不可能进行现在的对话。但就像你提前考虑到实施改变的战术流程,现在是时候去探究更具体的不同方案了。""实际上,"桑德森补充说:"不要再继续讨论任何一个对策或是建议的优点了,让我们换个角度思考,接下来应该做

特而言,改变角色,对选项更深入地解释,帮助其他人理解A3揭示的事实显得尤为重要。这为波特建立了信任度。

一旦波特通过深入调查提议多重对策,他将成为阿克米工厂在文件翻译问题上的权威。并且波特的A3将反映他发现的事实,而不是总结出的理想化解决方案。分享基于事实的不同解决方法,能使桑德森及参与此事的其他A3读者,去学习波特所学到的。桑德森读过也写过很多A3,他知道这是一个基于完全领会现状事实的对话方式。所有参与者在评估状况时,必须保证必要的独立性,以做出正确的决策。依此角度看,波特所引发的组织内部矛盾可能有所缓减。

什么吧。请修改你的 A3，拿回来的时候，要提出一系列的对策，解决问题的多种方法，至少有一个对策能和每个主要问题根源都有联系。从那一系列对策中，我们可以讨论最好的方案。现在还不用锁定在某一个对策上。"

对策 vs. 解决方案

A3 通常建议使用"对策"一词，而不是"解决方案"。就像凶杀案侦探用"结案"描述案件（意思是根据证据已经确定嫌疑犯，并将移交法院），而不是"解决"（一种在真实世界很难完全满足的条件）。A3 责任人探寻问题的对策，并非永久解决方案。

"对策"，指的是一种所建议的行动直指当前状况的方法。而更重要的在于，这个措词表示即使是显而易见的"解决方案"，也会不可避免地创造新问题。对策只是"在找到更好的方法或状况发生变化前，为解决问题而采用的快速反应"。⊖ 每个计划，实际上每种工具或实践，都可以被当作一个对策，当现场情况发生变化和有所进展时，对策都需要改变甚至被取消。一个对策一旦到位，它可能出现另一个新状况，有它自身的一系列问题，并需要新的解决对策。

⊖ Steven J. Spear, "Learning to Lead at Toyota," *Harvard Business Review*, *September October* 1999.

收集意见

波特意识到他必须结合那些每天面对问题的人的想法，并研究能解决他们所提出问题的方案。因此，波特再一次重写A3。他把目前为止收集到的意见、想法都放在桌面上，然后拿着A3草稿回到现场，征求反馈并检验想法。从现场的对话产生了不少新的想法：

- 弗朗西斯，采购部的负责人，仍然急切地想通过招标外包文档翻译工作，选择最低价格的供应商。
- 翻译者提议为可能需要翻译的活动和工具建立一套标准。这是波特在之前的草稿中挑选的对策，却受到桑德森质疑。波特仍然觉得这个对策可以产生很大的影响。
- 阿克米工厂的工程师们向波特建议重新培训所有的翻译人员，确保每个人都能理解文件中的技术细节，和各工厂习惯用语的细微差别。波特把这个建议看成是尝试标准化翻译的工作。

组织中的传播

随着A3的进展，桑德森也在考虑波特的角色变化，并开始考虑怎样帮助引导他进入新领域。从调查问题（A3的左边）转变到探究最好的对策，这对于波特是完全不同的挑战，需要更深层次的辅导。直到现在，桑德森才开始集中精力，培养波特成为一个问题解决者。辅导和提问集中在学习怎样去了解问题，及怎样从解决方案里辨别出问题和根本原因。既然波特通过处理问题找到了问题的根源，并开始考虑对策，那他肯定也遇到了第一波来自公司内部的抵抗。这只是另一个问题，一个完全不同类型的问题，但需要相同的解决方法和技巧，波特在解决文件翻译流程的具体业务中，已经学到并应用了。桑德森意识到是时候

- 波特对于如一些文件丢失、积压和不可预知交付期的问题考虑了很多。他考虑建立一个集中化文件流和追踪的机制，以便每个人的所有文件状态都一清二楚，这样可以使得文件的交接无缝化，实现高效化流动。
- 其中一个供应商使用三步流程，每个文件依次通过：①基本翻译；②双语检查；③由母语是英语的技术作者编辑并重写。这个流程可以被所有供应商使用。
- 同样地，另一个供应商将文件分成三个类别：①政策和办公文件（普通叙述）；②技术工程文件；③叙述性文件来解释作业的方法，比如标准化作业图表和作业指导书。
- 生产部门建议内部自行翻译工作。内部翻译者能够学习实际的工作，因此能做出更好、更准确的工作描述（成本可能会更低。但阿克米工厂对于因短期项目工作，增加全职雇员是非常的谨慎的）。

将他的辅导重心转移到组织或人员问题上，通常看来这个问题非常杂乱，而且难以解决。现在他必须指导波特在接下来的过程中，用A3在公司内获得意见统一和支持。

波特过去在类似情况上碰到过挫折，现在需要学习怎么管理这种跨组织的人的问题。

但是桑德森只能对他自己的工作方式保有耐心，因为阿克米工厂的扩建时间所剩无几，这导致桑德森和他上司间产生了激烈争执。

桑德森试图保护波特不受由他的A3研究所触发的一些内部争端的冲击。但是波特和其他人必须自己去吸取这个教训。最重要的是桑德森希望波特在研究潜在对策时，依据收到的反馈，继续改进他的思路。把矛盾降低至可以被接受的水平，可以将经

- 卡特，技术文件领导工程师，建议将数字图片和录像整合入原始文件，作为解决麻烦的工作指导文件的备选对策，这样可以帮助翻译者理解工作描述中的细微差别，并提供更好的英语解释。
- 里克和特里建议购买自动翻译软件包，这个主意令波特很吃惊。如果可行，它可能是所有提议中最激动人心的改进（但经过随后的快速试用，证明它对于阿克米的翻译要求并不实用）。

按老样子，波特带着他的A3回到现场并继续进行讨论。每当有人提出一个新想法，他都会马上记在A3上。他跟踪文件的延迟、丢失和翻译加班的原因越多，他的报告就越能总结出可靠的建议。因此，新A3包含了一系列的对策。波特坚信标准化的词汇表将带来巨大的长期益处。但是他也建议一套对策，每一个都很具体、富有实践性，并直接针对现存问题的根本原因。随着波特继续在公司内寻找问题，他的A3变得更加具有说服力。

常主导计划、问题和决策的争端最小化。

波特以前只集中在制订一个解决方案，就像他在彻底地分析根本原因前完成了一样。这会导致许多政治性的指责。

这个提议的质量不是问题所在，问题在于没有证据表明波特考虑了备选方案以及其他人的主意和意见。要么是那些人没有参与在流程中，要么是他们的建议不知何故，没有被采纳进A3。需要更多的基础工作、更多的对话、更多的信息和更多的反馈，这都来自那些被要求解决问题或是做项目的人。

桑德森相信波特的提议能产生一定的功效，但是提议必须能反映实际作业人的意见。他要波特把A3看成公司内部一个可被接受，能被普遍理解的经验分享，并成为一种讨论

波特与制定标准的工程师们讨论，与弗朗西斯以及其他负责缩减间接服务费用的采购员讨论。所谓间接服务包括翻译、保洁服务和发薪等。他又与IT部门的一些人交流，这些人曾帮忙建立在线表格并处理大量工程和其他文件的传输系统。他也与一线使用最终文件的负责人和工人交谈。

但是随着波特探究大家完成工作的极度细节的考虑逐渐深入，他遇到的明争暗斗和公司内部抵制就更大：这些抵制来自不同车间里埋怨波特多管闲事的员工，以及工厂里公认为消极无用的经理。

负面反应的程度让他的迷惑多过于沮丧。毕竟，阿克米是一家优秀的精益公司，是行业里许多最优方法的样板。员工不应该更优秀吗？他经常觉得尽管所做工作的出发点是好的，但却树敌无数。他没有试图去多管闲事或指挥人们，他简单地想学习更多关于流程的详细事实，并提出可以帮助所有人的解决方案。

一个有争议的话题就是标准化词汇手册。它表面听上去不错，翻译员喜欢，而且大多数人都理解。但是阿克米的工程

重要信息的模式。A3报告必须是一个为触发有效对话而设计的动态文件。A3基于被影响的事实和想法越多，与清晰的对策越紧密挂钩，任何试图破坏流程的可能性就越低。

但是这个也开始在桑德森辅导波特的进程中，激起另一个关键点，一些想法的产生是基于建议者个人便利的解决方案。在为公司整体服务和个人方便之间需要一个明确的分界线。桑德森下决心帮助波特掌握学习平衡所有人的利益，以行使正确判断力和领导力。

正如桑德森非常了解文件翻译的流程，能对波特探索问题进行提问，他也收集了足够的信息并与很多其他员工交流，去了解波特所陷入的迷魂阵。波特能征求别人的意见，而不丢失他自己的想法或坚信的信念吗？桑德森鼓励波特不忽

师和其他参与编写原始文件的员工联合起来竭力反对。"为什么我们要为了配合翻译，改变自己的工作，"工程师们争论道："他们应该为我们服务，而不是我们为他们工作。"如果波特向大家解释，解决这个问题不仅仅是为了翻译员，而是对大家都有好处的话，那么工作就会比较顺利了。

而工程师们的第二个忧虑则比较难以对付了。因为不同的文件作者使用不同的词汇，谁应该决定最终的"官方"术语应该是什么呢？"我用这个术语已经20年了，"一个阿克米的资深工程师说："为什么非要我改变？"许多部门的工程师都争论这点。

略任何信息，不管他多么的不同意。相反地，收集所有合理的想法，但随后证实这些想法和事实。

波特可以通过从现场收集来的各种想法来实验这些理念。如果某个想法执行得不好，或在实验中彻底失败，波特不会嘲笑那些拒绝该方案并提出个人想法的人。因为他们随波特一起，都亲眼看到了试验结果。

这样，波特将找出一系列正确的对策，并且有提出这些对策的人做后盾，甚至那些想法没有被考虑的人。

因此当波特的A3仅有一个解决方案时是完全不对的，波特希望满足每个人的需求，而放弃自己的主张也是错误的。

我为什么要改变

根回（Nemawashi）

波特使他的对策获得一致同意的实践就是"Nemawashi"。这个日语词汇包含两个意思，"ne"代表根，"mawashi"代表旋转，表示把植物移栽至新土壤之前，你必须把根毫发无伤地拔起，这样它才能植根于新的土壤，并且确保健康、持久地生长，照字面意义翻译成"铺垫"。

广义上说，根回是指将公司各方面广义或狭义的目标综合起来的思想统一过程。A3 实际上在更小的层面上概括了这个实践。当经理们通过和个人的对话，分享并改进 A3 时，他们将改进的种子播撒在花园中。从参与者收集意见，并确保最后的决定，能像植物在良好的土壤里自然生长一样，从工作中自然收获。流程最后的批准本质上变成了形式化（例如，导致一些短会，其实很多工作已经完成了，而并非那些充满争执和内容的会议，而决策因为很多变数悬而不决）。

同样的道理可以应用于方针管理（hoshin kanri）（很多地方将其翻译为"战略／方针部署"或"策略统一／管理"）⊖，它指从公司的高层到工作基层围绕目标和行动形成意志统一的流程，同时从基层向上或是从中层迸发出想法和提议。高层雄心勃勃的目标在整个公司内被分解为可测量的指标，正如波特的翻译工作支持桑德森的工厂扩建启动目标。资深管理层的目标贯彻到一线时，会变得更具体和可测量，而项目进程报告和新的想法，会从基层流向高层。

⊖ 详情请参阅：*Getting the Right Things Done*，Pascal Dennis，精益企业研究院（Lean Enterprise Institute），美国麻省 MA 剑桥（Cambridge），2006 年。

波特让步

波特牢记桑德森的指导，将参与流程的所有人的想法和观点都涵盖到A3中，相应地修改了他的A3，放弃了标准词汇这个对策，即使他还相信这是一个好的主意。但波特确定：如果坚持正式推进如此雄心勃勃的变革，如标准化词汇，将遭遇到大量的抵触。

波特想出了一系列共六个对策：

1. **集中式文件流追踪**。开发出监控和管理文件流和时间的方法。
2. **三步流程**。开发和实施翻译供应商的标准流程。
3. **竞标流程**。创立标书，分发给供应商们，选择最好的公司。
4. **自动化**。购买软件；指派编辑。
5. **内部资源**。雇用专业翻译者作为全职员工。
6. **目视化的标准格式**。利用图形，对棘手的作业指导文件特别有益。

波特又去见桑德森，桑德森对于这些改变很吃惊："标准化词汇表那个对策怎么了？"

建设性冲突

波特希望避免冲突，而决定放弃一个潜在的有效对策，是可以理解的。在桑德森事业的早期，当他第一次在阿克米担任领导角色时，他发现他所做的决策是基于自己认为别人想要什么，而不是问题的最佳方案。所以这些对策很少能成功。

最后他的一位导师把他拉到一边帮助纠正他的思想。"你必须称呼浪费为'浪费'"，他的"先生"解释说。尽管靠个人关系解决问题的情况的确存在，比如彼此开始相互了解或对付文化差异时，但做出一个好决策则需要负责人全身心投入，并与残酷的现实打交道。

但这也产生了另一个A3管理中违反直觉的做

"喔，有些人不喜欢这个主意。"

"所以你就放弃它了？"桑德森问。

"是的。它看上去不值得。"

"那些人为什么反对它？"

"这个，"波特解释说，"他们说他们不喜欢这个主意，仅为了使供应商工作容易，而改变他们做事的方式，并不值得。"

"是吗？你解释了这也将既帮助我们自己，也帮助供应商吗？"

"是的，"波特回应道，"虽然有点用处。但是他们仍然不喜欢这个主意。没有人想要改变个人做事的方式，就像他们用的术语，他们就想让别人去改变。"

"可以想象得到这样的反应，"桑德森说。"你解释过流程怎么工作吗，如何决定该用哪个术语？知道该怎么决定吗？"

"不知道，"波特回答，感觉有点委屈，"那看上去像是又一个理由让我们去做更多的调研。这看似一个非常难执行的对策。"

"所以你放弃了？"桑德森尖锐地问道。

"是的，"波特说，"它似乎太难了，而且更重要的是，它似乎违反了你的建法：在冲突中保持尊重。问某人"你怎么知道？"不是去质疑别人的判断，而是试图去讨论、理解，并检查他们的想法。

在这个背景下，尊重并不意味着躲避冲突的意见，或是伤感。尊重意味着将每个人都当成能胜任工作的员工，只要有正确的工具和系统，他们就可能发挥出全部能力。而且用事实去质疑他们，迫使他们去解释个人的想法，并拒绝接受让员工失落或愤怒的不完美结果。

最终他们会意识到这个方法代表了一个比任何短期的让步，都更完全和持久地体现了对对方的尊重。在一个设计为产生持久对策的系统里，用简单鼓励的话，却无实质上的改变去解决问题，将不会比其他快速修补的方法更持久。

议，没有包括其他人的想法。"

"好吧，你能尊重他人的想法，这点很好。然而，如果你因为觉得一些想法很难执行，或因为一些人不喜欢，而决定将这些重要想法剔除在考虑之外，那公司又怎样决定最好的对策呢？当你放弃一个想法时，你也就剥夺了其他人继续探究和评估这个想法的机会了。"

基于多重方案的决策机制

精益决策中一个最重要的课题是如何评估多重的潜在对策，而不仅仅是一个对策。通过探究一系列的潜在选择，人们可以揭示一个更广泛有意义的分析数据库，通过模拟更宽范围的可能情况而将风险最小化。通过快速且简单的试验，人们可以避免因为早期选用了一个糟糕的方案，而导致后来不得不进行大规模的修改，从而增加成本。

开发多重选择的实践，在丰田的产品开发流程中得以全面贯彻。丰田成系列的决策方法代表了一个从根本上不同于大多数制造商的"基于单点设计"的模式。丰田研发者在决定最佳方案前，会同时考虑几个方案，并非在产品开发早期，就锁定一个设计，并随后经历无数的修改。"丰田在做重要设计决策前，会探究尽可能多的设计选择，艾尔·沃德指出，过早做出

> 不成熟的决策，会冒错失关键事实的风险。[1]
>
> 直到顾客的需求在公司被完全掌握的一刻，否则不能决定一个产品的关键特性。产品设计能满足顾客的需要，并且实际可行。在这个系统中，经理的工作是防止大家太快做出决策。
>
> 这个方法在所有项目的决策上都可以一样应用。开发决策选项的负责人的职责不是去创造理想化、尽善尽美的"解决方案"，而应该是帮助参与工作的每个人去完全理解现状，并开发出最有效的对策系列。这样才能使得团队基于一套完整的事实，去做最佳的决策。

基于多重方案的决策机制

波特看着他的A3，检查各部门的严密性和逻辑性，并回顾每个细节。然后再一次迅速地擦掉"建议对策"这部分。

波特从一个极端转到另一个极端感到眩晕。他意识到，由于捍卫某一个方案，让他没有将更多其他人的观点融入到早期的方案计划中，减弱了他对问题根源

流程规则

桑德森对波特在某些方面的进展很满意。他进步的一个表现是桑德森发现自己在日常工作中参与波特工作的时间减少了，因为波特集中精力更多钻研工作和控制细节，经常做简短汇报，提出高效而

---

[1] The Second Toyota Paradox: How Delaying Decisions Can Make Better Cars Faster, 阿伦·沃德，杰弗里·莱克，约翰·克里斯蒂亚诺和德沃德·索贝克二世，来自《斯隆管理评论》1995年春刊。《精益产品和流程开发》，阿伦·沃德（精益企业研究院LEI，剑桥Cambridge，麻省MA，2007年）。

和潜在对策的分析,而且甚至造成了反对。波特非常坚决地去解决问题,并匆忙展现他好像已经掌握了全局,他顽固地坚持自己所认为的单个最好方案,并搜集了许多信息,去支持这个目标。

接着他从桑德森的忠告中,学会改变他的方法。"不要光给我展示你打算怎样解决问题,而是继续像个科学家一样的思考,同时探求多个选择,"桑德森说,"现在最重要的不是你建议了什么方案,而是你怎样去考虑问题的本质,和揣测不同想法的含意。用基于系列的方法向公司展示并评估各个不同的方法,来决定最佳的方案。"

波特为了顾及公司内部没道理的抵触情绪,结果抛弃了原有的对策,即创建标准词汇。波特没能采纳各方面的想法以及体会各自的细微差别,但他必须考虑大家的担忧,展示不同的改善途径。处理这个问题不一定意味着试图让每个人都百分之百地满意。

下"现场"是一个低调但令人兴奋清晰的问题,并且容易接受建议。当波特还没有准确建立完美的计划时,他已经认识怎么使用计划流程,去让每个人参与到该对话中。桑德森知道波特将很快发现更多来自实践的挑战。

桑德森对波特建议的某些方面并不完全认同。他知道如果他负责这个提案,他将不会这样做。但是负责这个项目,展现这个业务流程,全身心投入并竭尽所能取得相关员工赞同的是德西·波特,而不是肯·桑德森。

这是一个关键区别,得到高层领导的认可,并成为阿克米公司文化的一部分。"一致同意"或协议,并不意味着每个人在不同场合都是一个声音,或每个利益相关人在负责项目

的过程，因为可以向实际操作的人学习。波特意识到挑选最好的方法应该由 A3 的新题目所引导：以精准而及时的翻译支持项目启动目标。这意味着开发一个流程，能够始终如一地消除大量浪费和问题，同时提升效率。

波特把每个人的意见都当作动力，推动计划的实施。经过那些参与流程员工的帮助，波特建立了目标状态图，体现出波特、弗朗西斯、安娜、工程师们，以及其他人希望流程怎么去运作。

波特的 A3 提议经过再一次修改，包含许多问题根源，并分成三块，包括：①文件丢失或堆积；②因为原始资料不清，造成文件翻译问题；③由于翻译者的工作失误，造成的文件翻译问题。波特也在 A3 中涵盖了一个完整的所有对策的清单和评估，包括创建标准词汇的步骤（见图 4-1～图 4-3）。

时，会用同样的方法做事。

共识是指问题有明确的负责人，而这个负责人提交了一个合理的建议，遵循一个囊括利益相关各方的知识、想法和兴趣，并被广泛接受的流程，且利益相关各方同意支持这个负责人去达成目标。

第4章 提出对策：基于多重方案的决策机制　91

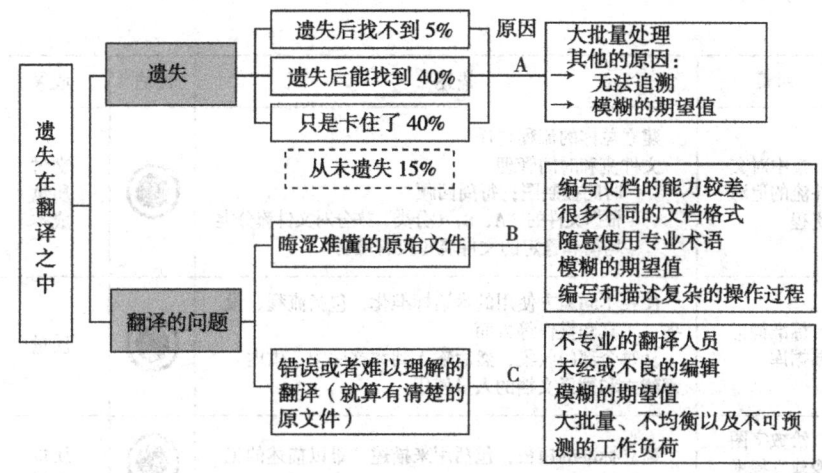

注：波特分析完了许多根本原因的清单，把它们分成三组共性问题：①文件丢失；
②由于原件不清造成翻译问题；③由于翻译流程缺陷造成的翻译问题。

图 4-1　波特的问题分析树——三类根本原因

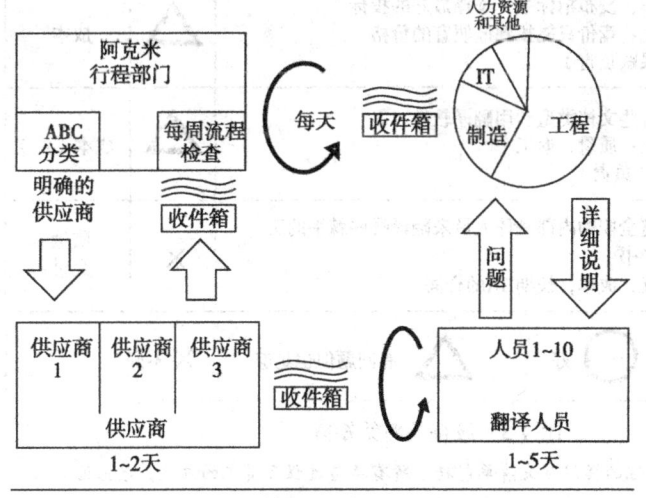

图 4-2　波特的目标状态图

对策	描述	评估	成果
集中对文件流的追踪流程	建立总体的流程责任 文件流和时间管理 　–时间控制图；每周回顾 　–根据文件的"A，B，C分类"来分对文件流分类 　–均衡和稳定的文件流（没有峰谷）	◉	交付 质量 成本
标准词汇数据库	使在不同地方使用的术语标准化，包括流程、设备、工具和操作等方面 从每个部门收集，然后输入到数据库中，供内部建立和翻译文档的人员使用	◉	质量
给数字图像建立标准的模板	建立标准的模板，包括用来描述"难以描述的工作"的照片和视频	◉	质量 交付
标准供应商的三步流程	第一步：用专题的翻译专家进行翻译 第二步：由母语是英语的人重写 第三步：由精通这两种语言的人校译	○	质量 交付
竞价流程	制作，发布招标书，选择最好的投标 担忧：竞价只能找到最便宜的价格 （由采购负责）	△	成本
自动化	对有些文档类型利用翻译软件 担忧：质量，返工 （由IT负责）	△	成本（？）
内部资源	聘请全职的内部翻译人员来翻译哪些棘手的工作指导书 担忧：成本，长期HR的合同	✗	质量 交付
● 非常好	○ 好	△ 有问题但也足够	✗ 不好

图 4-3　波特的对策矩阵

注：波特相信他的提议对策清单包括了所有参与流程及员工的意见，包括他自己希望创建标准词汇，并且提出了三组根本原因。团队对选项（评估列）的回顾，展示一个更为清晰的行动计划。

共识/协议

应该是：

- 认可负责人
- 提交合理方法（A3）的人：
  - 反映出各利益相关方的想法和合理关注
  - 该利益相关方同意支持负责人去达成目标

不应该是：

- 无原则地全体一致通过
- 奉行多数决定原则
- "我同意因为我就会那样去做。"

从调查人到提倡者

"告诉我更多关于你降低成本的建议吧，"桑德森在研究最新版本A3时问波特，"如果我们实施了这些方法以后，会有哪些改变？""我相信第一年通过消除加急发运成本并避免交付延误，我们可以将成本至少降低10%，"波特回答道，"我们将更容易收到新培训或新系统所需要的投资。"

"是的，我能看出在成本方面的好处。"桑德森边说边研究A3。

改变方式

如果你成为一名老师，你也会从你的学生那里学到一些东西⊖。桑德森觉得，尽管他最喜爱的音乐剧中的这个片段有点伤感，但它还是最合适的比喻。当他检查波特最近的建议时，桑德森意识到波特负责这个项目让他完全参与并融入到

⊖ Oscar Hammerstein II and Richard Rodgers, *The King and I*, 1956.

"我可以给你这个的细目分类。我们做了一个表单。"波特说着搜寻起他的文件。

"干得很好，"桑德森回答说，"但先让我们再退后一步。你对于流程的认识已经揭示了我们在哪里可以省钱。但是这个计划有没有直接解决浪费重复发生的源头？这计划能消除造成延误、错误和返工的原因吗？"

"我想真正修补这个流程的唯一方法是去解决所有质量问题的根源和产生错误的原因，"波特说，"如果错误和返工都能消除，随后阻碍准时交付的最大障碍也会被消除。这意味着一开始会有很多工作，也要许多人参与，但我们的尝试已经证明了质量一次通过率的提升，将带来长期的回报。"

桑德森站起来，拍了下波特的肩膀。

"当我们开始这个项目时，你对文件翻译流程一窍不通，"他鼓励地说，"现在你却是专家了。你能够在一个深层次上抓住问题，在真正的根本原因上，你放下了救火队员的帽子，且成为一个公平而客观了过程中，并且在翻译问题上的技术知识已经超过了桑德森自己。

当然，仍有不少工作要做。他可以看到因为这些未完成的工作而导致的意外结果。但这些担忧都来自他个人的经验，而不能反映出当前情况。桑德森意识到要改变波特和他自己在这个项目上的关注，他必须将重心从挑战技术和逻辑细节转移到去评估波特遵循A3对策及执行的能力上。桑德森高兴地看到这个计划的优缺点不再是对话的重心：最近的A3能很好地反映每个人有价值的信息和建议。关于行动的争论，最终由行动本身证明。

这个A3使波特赢得了推进他的建议的权利。桑德森关注到这个变化，

的调查员。现在这套想法可以变成计划，且正式地介绍给公司了。"

"现在我需要你拿掉你的调查员的帽子成为一个倡议者，"桑德森建议，"在诸多的不同方案中，你必须决定你建议和捍卫的对策方案。你现在比公司里其他任何人都更了解这个问题。公司和你都投入了大量精力使你成为这个问题的专家。你必须清晰地认识到让你成为问题的真正负责人，你有义务提出最佳可行方案。你不能采用不插手，并放任自由的方法。"

桑德森停顿了一下，然后继续说道："把你自己放在公司的角度。你建议工厂应该做什么？"波特考虑了这个问题以及桑德森的评论。他对当前的一套对策比较满意，因此他拿起反复修改过的建议，集中在几条看似最简单的想法、建议上。他非常有信心，认为这篇最新的A3对公司是非常有效的解决方案（见图4-4）。

感到稍许的自豪和放松，不像他事业早期的反映，那时放开细节对他是很困难的。精益管理的一些方面，比如抵制急切插手，去解决下属的问题，桑德森仍觉得违反直觉。但是他已经开始熟悉，甚至对于担任"先生"(Sensei)这个角色开始感到自在，提问代替解决方案。这是经过他允许的下属，通过经验学习而获得的更高效的管理方法。

采取行动的根据，与他桌上的A3一样清晰。

通过准确、及时的文档翻译来支持投产的目标

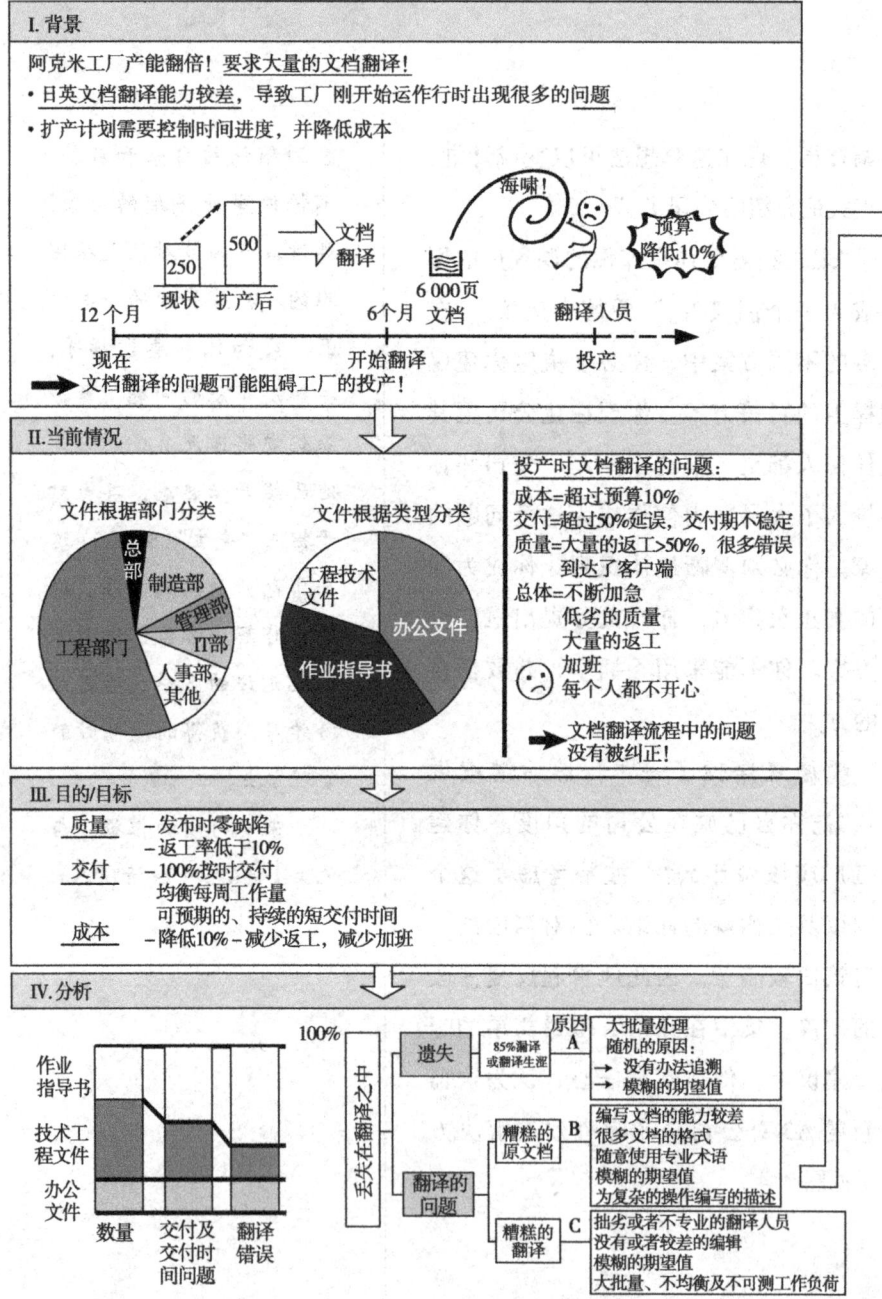

图 4-4

				日期 8/08/08	日期 6/13/08

V. 对策

原因	对策	描述	评估	成果
A	集中对文件流的追踪流程	建立总体的流程责任 文件流和时间管理 —时间控制图；每周回顾 —根据文件的"A，B，C分类"来分对文件流分类 —均衡和稳定的文件流（没有峰谷）	●	交付 质量 成本
B	标准词汇数据库	标准化在不同地方使用的术语，包括流程、设备、工具和操作等方面 从每个部门收集，然后输入到数据库中，供内部建立和翻译文档的人员使用	●	质量
B	给数字图像建立标准的模板	建立标准的模板，包括用来描述"难以描述的工作"的照片和视频	●	质量 交付
C	标准供应商的三步流程	第一步：用专题的翻译专家进行翻译 第二步：由母语是英语的人重写 第三步：由精通这两种语言的人较译	○	质量 交付
C	竞价流程	制作，发布招标书，选择最好的投标 担忧：竞价只能找到最便宜的价格 （由采购负责）	△	成本
?	自动化	对有些文档类型利用翻译软件 担忧：质量，返工 （由IT负责）	△	成本 （？）
A,B,C	内部资源	聘请全职的内部翻译人员来翻译哪些棘手的工作指导书担忧：成本，长期的HR合同	✗	质量 交付

● 非常好　　○ 好　　△ 有问题但也足够　　✗ 不好

如何界定这些评估

对于这些对策，在组织范围内取得了多少的一致意见

谁同意 谁不同意

这个可行吗

有没有什么风险

增加的成本是什么

期望的ROI（投资回报率）是多少

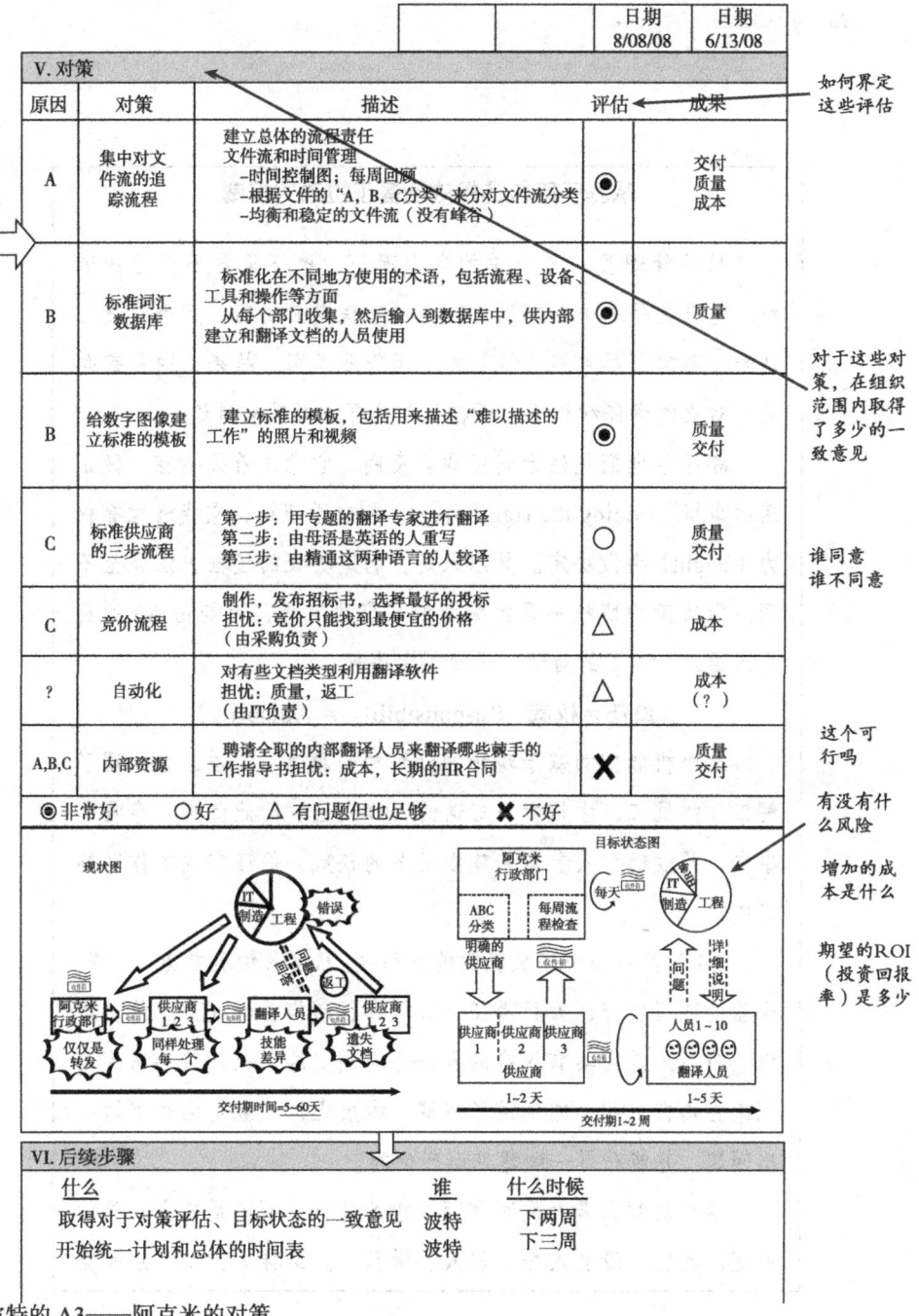

VI. 后续步骤

什么	谁	什么时候
取得对于对策评估、目标状态的一致意见	波特	下两周
开始统一计划和总体的时间表	波特	下三周

波特的 A3——阿克米的对策

从基于职位的权威到基于拉动的权威

精益管理既不是简单的自上而下,也不是自下而上的流程。它其实是一个动态系统,其中流程定义明确,且个人责任清晰,明确到尽可能"低"的现场作业级别。结果,通常都是天生对立的责任和权威,现在我们分开相对独立讨论。

精益经理们关注于责任和负责制,它意味着关键在"做正确的事情"(doing the right thing),相对于职权,它代表谁有权力(Right)去做决定。其结果是,制定决策的过程方法完全不同。做决策的职权不是由级别或头衔决定的,而是由A3的负责人通过与员工的对话,进而制定决策。

责任 ≠ 权威(Responsibility ≠ Authority)

这个机能依赖基于现场的计划和问题解决方法,它强调了解工作的员工,才是参与对话的正确人选。因此负责人靠收集事实,并鼓励个人参与来建立必要的权威,保证完成工作和制定决策。

A3学习另一个违反直觉的方面是:从各关键利益方"征求"合理的流程转变,为获得任何计划和行动需要的权力。传统思维认为同意是由具有权威的人命令而制定的。但精益公司的共识来自内在流程,它创造了权威。本质上,权威是由适当地找出问题,并能获得一致意见而产生的。

这个流程强调开发可靠而严谨的建议,而不是来自高层的决定。其实,没有人告诉别人要做什么。这样的行动方法避免中央集权，和等级森严组织的许多僵化局面。精益公司在一个对公司未来方向的共同理解上运作；工人可以自由探究自己最了解的、最佳的潜在解决方案。

关键问题

- 你是否探究了每一个合理的备选对策？
- 你是否通过与参与工作的每个人，包括流程的客户和利益相关者，进行有效沟通后，才制订了可行的备选方案？
- 你是否能展示，你建议的行动将如何找到绩效问题的根本原因？
- 你是否能证明为什么你所建议的行动是必须的？
- 你是否继续去现场（gemba）收集新的信息和对策？

第 5 章

计划和跟进
基于拉动的权力

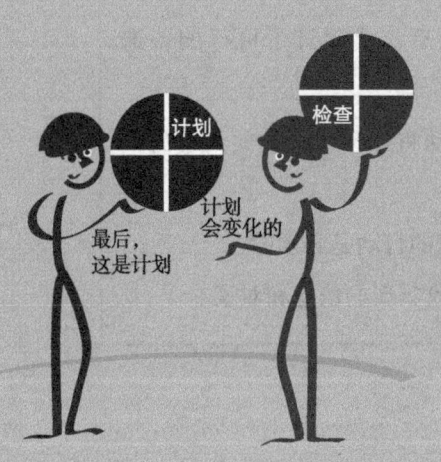

PDCA 是 A3 流程背后的引擎。在检查对策时,波特和他的团队使用 PDCA 循环(计划、试做、检查、实施)作为一种科学方法,不但精确地确定计划将如何执行(包括谁在何时做什么事情,用什么机制来监督),而且确定如何对行得通及行不通的执行方法进行检查。他们目睹了 PDCA 的学习循环如何作为 A3 系统化学习的核心。

桑德森持续使用 A3 流程作为达成共识、促成组织合作的一种方法。我们能看到波特如何展开 A3 报告,使其适合解决桑德森众多的问题挑战。我们也认识到当事物发展背离计划时,持续使用 A3 是如此的重要(而且富有挑战)。重要的是:"计划本身没有价值,但编制计划的过程却是一切。"⊖

⊖ 德怀特 D. 艾森豪威尔(Dwight D. Eisenhower)。

什么是计划

波特盯着桌上的 A3。

桑德森告诉过他,现在是时候将他的提案正式摆上桌面,接着是如何去执行,并在实践中进行检查了。

桑德森强调:这份提案之所以可以正式上报,是因为尽管作者是波特,但内容来自他和实际作业的工人们。当然,某些人在一些特定方面比别人参与得更多,但关键是他们都阅读并参与讨论了这份提案,同时将意见都写进文件里了。

除了为这些对策寻求各方的同意,波特还得到了各方的积极响应和支持,并根据所有的反馈意见除去两条。许多不同部门的经理都同意调配资源支援波特,以提供帮助。那剩下的就只是如何将这个计划付诸行动了。

在波特 A3 报告的**计划**框中,波特明确了诸如谁应该做什么,应该如何做,以及什么时间用什么方法对这些工作进行监控等细节。对于细节和责任,波特画了一个甘特图来计划并监控这项计划,

计划和做计划

桑德森将一份波特 A3 的复印件铺在桌上。他将这份 A3 与他之前参与过的十多份 A3 进行对比,那些 A3 包括不同的计划或实施阶段。

桑德森桌上的 A3 涵盖了一系列不同的目标和主题,包括从针对特定技术问题的短期改善,到宽泛的组织性目标。一份 A3 寻求帮助一个区域减少不良品,另一个则关注解决冲压车间的工伤事故。

桑德森桌上 A3 的"负责人"为他自己。桑德森负责的提案包括如何对部件进行共用化,以减少该部门的部件库存,或改善公司与当地社区的关系,以及减小工厂对整体环境的影响。

桑德森在这些报告中

使之与阿克米整体的扩建计划步调一致（见图 5-1）。

这份甘特图明确了计划的结果、行动以及每项行动的持续时间，同时也对每项行动布置了相关责任，表明完成期限和检查时间的计划表。甘特图的左边，波特列出了各项任务的明细，这些任务作为完成整体大目标的一部分，都需要及时去完成。

完整的甘特图本身就需要一张 A3 纸来画。波特将甘特图总结后放在 A3 的计划框中。作为整份 A3 中的一张简易图表，甘特图的价值不在于其本身，而在于运用。

波特根据经验知道，一个甘特图或任何其他的计划，都毕竟只是一个"合约"，一个在限定时间内达到特定目的的承诺。所以他非常小心地根据团队的建议，来设定目标和期限。

但这很自然地引出了另一轮的现场检查，其间波特再一次回顾了他的 A3 最新版本。他习惯了在现场环境中，根据收到的建议，修改 A3 计划。

要求各岗位参与和投入，与他向波特要求的一样。同时，他与老板和工厂高级管理委员会那里，也遇到了同样艰难的讨论。

桑德森最重要也是最富有挑战性的一份 A3 标题是"卓越扩建"，其中包含了他的许多独立目标，这些都在慢慢向前推进中。波特的文件翻译是其中的一个挑战。

波特在翻译流程上的努力没有偏离轨道，可是其他的一些 A3 参与者就没有那么幸运了。例如，一份旨在招聘、雇用、培训扩建需要的新员工和主管，命题为"启动人力资源"的 A3 陷入僵局，因为被指定参与该项目的人力资源部负责人对走出办公室，并与现场工人和主管交流来确定招聘标准的做法持保留态度。相似的例

比如，卡特对于翻译流程中的三个角色各自如何测试新的标准化文件编辑和传送有个人的看法。日本的技术文件编制者希望能编写一份词汇表，列出最常用的技术词汇。

此外，随着新系统投入使用，需要实施更深入的标准化，日英翻译人员和双语工程师需要编写最基本的工作术语表。最后，卡特志愿来协调技术文件的整体工作流程。

波特及其他关键负责人一起审视了每个人的责任，确定了目标日期，并注明谁负责审核。目标日期是大家争论的焦点。

在建厂初期的文件翻译过程中，时间是最大的挑战。不仅很多文件落后于各自的目标期限，并且文件的翻译返工在投产后持续了很长时间。而且，由于该项工作很早前就开始了，整个过程看上去就像没完没了一样。所以在与所有参与方进行讨论后，波特建议采用一种不同的时间计划（见图5-2）：文件翻译工作一开始，就尽快加速，并将工作均衡分配，以避免之

子，一份关于固定资产设备要求的报告落后于计划，因为供应商不喜欢"现场"（gemba）的方法（即"你真的需要看到工作是如何进行的。你就不能先试一下，然后再让我们帮你修改好吗？"），他们也不喜欢工厂扩建新流程所要求的某些特殊要求（"对我们的其他客户来说，这已经不能再好了，看看我们获得的质量奖项就知道了。"）。

桑德森一直对上述的情况很头痛。所有的理由都说明帮助波特在下一阶段的文件翻译项目上获得成功，是非常关键的。

当扩建投产的期限临近，时间和所有这方面的事情都变得越来越关键。桑德森回想起一位阿克米导师教他的重要一课："作为一名经理，很重要的一项技能，是布置完成期限。

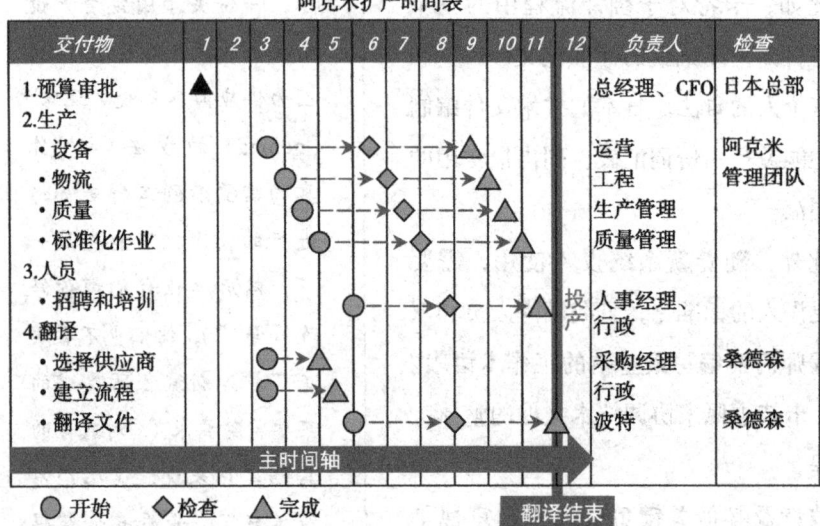

图 5-1 阿克米高层计划：内容展开

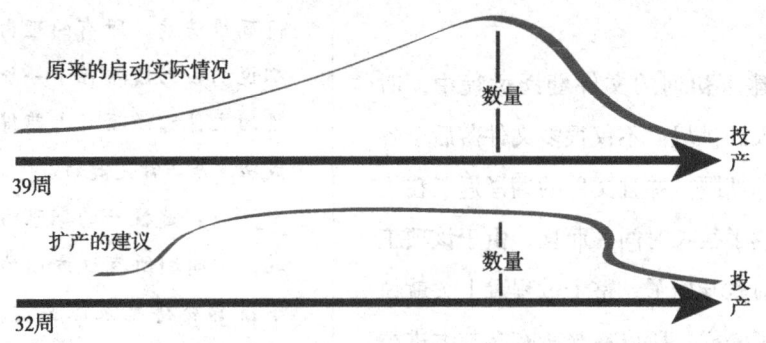

图 5-2 波特的彻底不同的时间安排和工作计划：均衡并稳定

前出现过的工作量高峰。

波特准备与桑德森探讨他的计划。他们一直在一起测试 A3 提议中的各部分。到目前，所有的人都已经完整地读过这份 A3 了。而且，波特也意识到当前版本的计划，不但细节丰富，包含了直接针对各个问题的对策，而且整份计划更具可操作性。

在现场走一圈，实际上是在工作现场观察，遇到了比波特预想中更多的矛盾、抵触和意外。但随着他过去为应付桑德森很"难搞"的 A3 计划审视而做的准备，波特感到很自信，因为这些对策考虑充分，很多人都参与到这份计划中，分享他们的工作经验，充分支持了这份提议。

经过许多准备，波特最终相信这份计划可以经得起考验。

只有定好了目标期限，那么工作才能准时完成，提案才会变得可行。"有时候简单地设定一个进度回访计划，可以变得非常有效——丰田的领导经常用这样一句话结束对运营部门的拜访："我两周后会再回来看的！"[1]

当然，合理设置期限很重要，即使有时可以自由决定，但也不能过于随意。在这个案例中，投产日期已经确定，所有相应的目标日期，都是很严肃的，真枪真刀的。

我两周后再回来看！

---

[1] Seiji Yamamoto in *Toyota Kuchiguse* (Common expressions of Toyota Leaders) by OJT Solutions (Tokyo: Chukei Shuppan, 2006).

在现场对 A3 进行修改

及时做决定

在那些将 A3 流程贯穿于公司文化里的各级别的经理会在正确时间做出正确的决定。过早地选取一个解决方案，会很容易锁定一个错误的选择，因为不成熟的解决方案往往反映出政治目的⊖、不理性的分析，或是欠妥的判断。很少能反映出对能成功执行必要条件的共识。同样也缺乏充分的事实，或是走向成功所需的共识。

A3 思想将讨论集中于掌握事实，通过对话引入正确的参与，并确保只有当所有的解决选项都被关键人物评估后，才做出选择。这样，A3 报告负责人才能在正确的时间做出决定。这个流程保证了 A3 报告负责人做决定的权力，也只有他有这个责任。

A3 帮助经理们避免其他人过快做出决定。

⊖ 此处往往指片面追求政绩的目的，或公司内部争斗的问题。——译者注

没有问题才是问题

"现在，告诉我，你接下去打算怎么办，"桑德森问，"如何与你的团队分享这整个过程中学到的经验？而谁又能确保新流程能按照原先的计划持续发挥作用？"

"嗯，问得好。"波特回答。他想过这个问题，并准备了一套管理检查流程，保证每个人在A3流程每个阶段的每件事都顺利进行：首先是顾客，其次是工人，最后是负责支持这个流程的参与者，包括波特。

波特将他的流程概括为监视流程。"我们将确保大家在整个过程中，都知道每一步前后的步骤，并保持对进度和质量的快速反馈。此外，为了评估系统整体表现和成本，我们会不断地分析，使每个主要流程的领导，包括工厂、翻译公司，以及我们日本母工厂的管理层，都能参与评估。"当桑德森阅读纸上的这套办法时，他沉默了好几分钟。这个A3正如最初设定的那样，非常详细、准确，并聚焦于指标。他抬起头："非常好！我们开始讨论什么样的事情可能出错吧。""好吧，一些状况可能出错，"波特回答道，"但我相信我们已经把大部分问题考虑进去了。"但

爱问问题的大脑

桑德森每次和他的下属交流，都有一个突出的主题——"培养善于思考的问题解决专家"。有一次，他自己写一份为了达到这个目标的A3，当时他回想起筹备旧厂投产时他的上司说的话："我们在生产合格产品前，先要'生产'合格的人。"

波特的成长反映了这份A3上描述的过程，也同时解放了桑德森，使他能集中精力帮助其他员工，这些员工中有些人并不适应这个过程，当他们遇到困顿时，桑德森也困顿其中。

桑德森可以想象新工作方式所产生的各种可能的结果。他考虑到公司、供应商、顾客等的各种衍生结果，甚至是一些外部

波特也有些不确定:"在计划结束的时候,把所有出问题的项目都列出来有点怪。因为我们既然可以预见问题,那为何不在计划开始前就把问题解决掉呢?

此外,指出潜在的缺陷和异常状况,会不会被那些对自己奋力工作感到自豪的成员认为是一种侮辱?"

"这其实没什么,"桑德森回答道,"他们可能会有抵触,但你的工作就是要说明,问'什么可能出错'就是对项目的支持。你承认了他们的方法是行得通的,现在你聚焦于前瞻,而不是向后看。就像寻找不同的对策一样,你只要多问'如果'。我们就会预见很多情况,这样才能帮助这个计划顺利实施。"

在明确波特胜任经理职责的程度后,桑德森说明他自己的职责以及公司领导层的职责。"我们的高层管理团队知道计划总是在变的,"桑德森说,"这份 A3 只是旅途中的一站,整个扩建计划的一块,所以理所当然也是公司整体战略的一部分。每份计划或提案都像是一座建筑的一部分,永远都在面对变化的环境。"

停了一下,桑德森继续说道:"你的工作是提前预知可能出现的阻碍计划顺利考虑因素,如公共关系和法规问题。

比如,波特的工作让桑德森发现新的计划,在几大关键功能上依靠外包(像翻译)就比他原先预期的要多。所以,如果供应商不能及时交付,就会很容易地出现延误,导致问题产生。

桑德森同时也发现 A3 管理有一个更加违反直觉的方面,即人们需要培养完全不同的问题解决态度。

桑德森天生关注细节,所以讨厌犯错误。他一直以来都觉得这是走向成功的优点之一,他在职业初期也很享受这样的成功。

但随着肩上的重担越来越广,并不断尝试将自己面对问题的态度影响下属。桑德森发现他的下属

进行的问题和障碍。你要帮助团队逐步习惯于前瞻,同时考虑一下怎样集中精力,寻找不断学习和进步的机会。"

波特回到他的团队中,但突然发现难以启齿。因为他对整个流程感觉不错,也不愿意讨论这些负面的东西。尽管如此,他意识到这是一个成长为经理的方法,也能帮助他的团队做好准备。

波特决定和团队对话,询问哪些方面可能出现问题——尝试根据计划实施的客观规律,坚定他的信念,说明计划是好的,团队也会进步。与团队成员的来回对话,帮助波特提出了一套新的跟进流程,来确定正面和负面的结果。

波特和他的团队找到两大潜在缺陷:
- 在一些情况下,系统会增加个人传递次数,加大了流程中延误、丢失或其他错误的可能性;
- 这个计划需要在开始阶段对流程的员工进行培训,这可能会增添新的负担。

波特意识到可以启动了。他已经获得了足够的授权,而且也很高兴桑德森签署了他的A3(见图5-3)。

不愿意将问题摆上台面。记得他的导师曾教导他,这种遮掩问题的做法,其实比问题本身更严重。

110　学习型管理

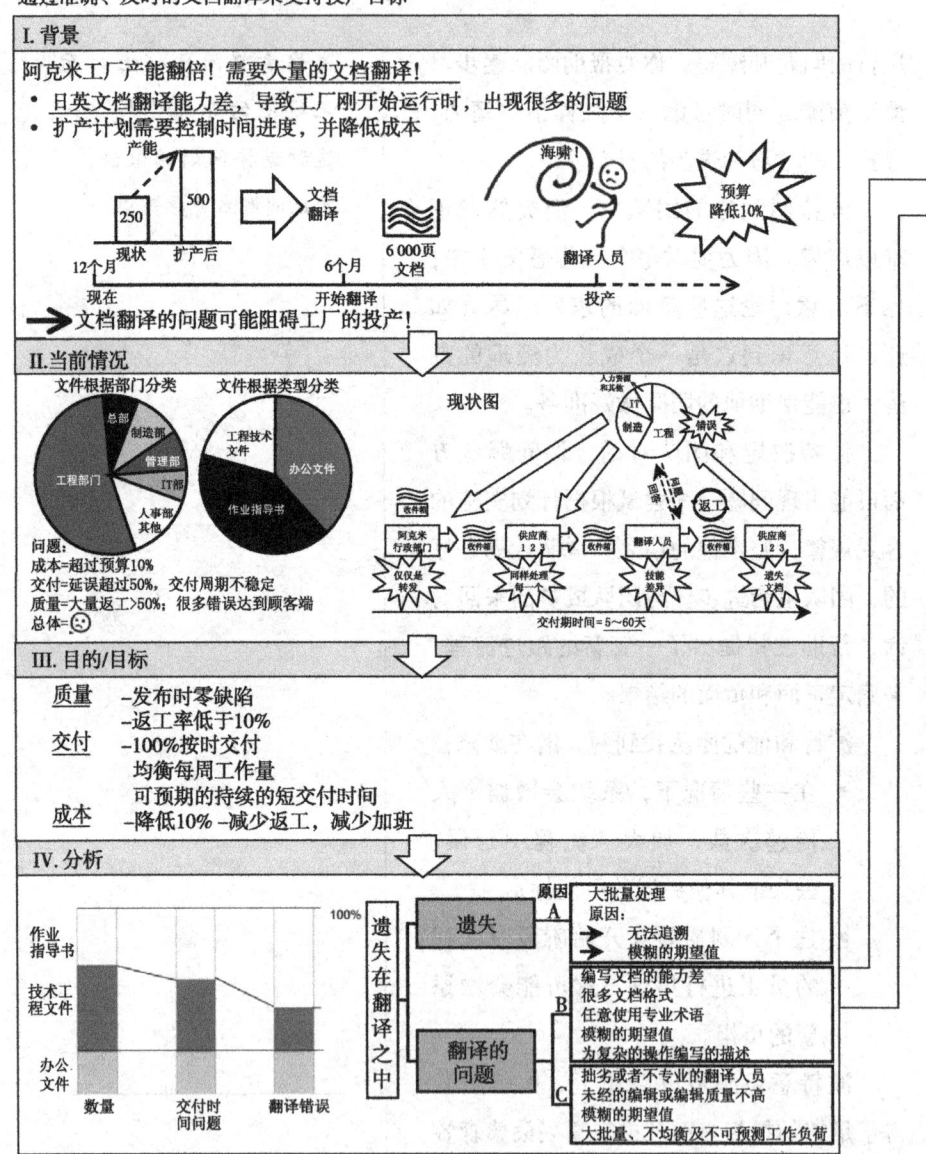

图 5-3

第5章 计划和跟进：基于拉动的权力

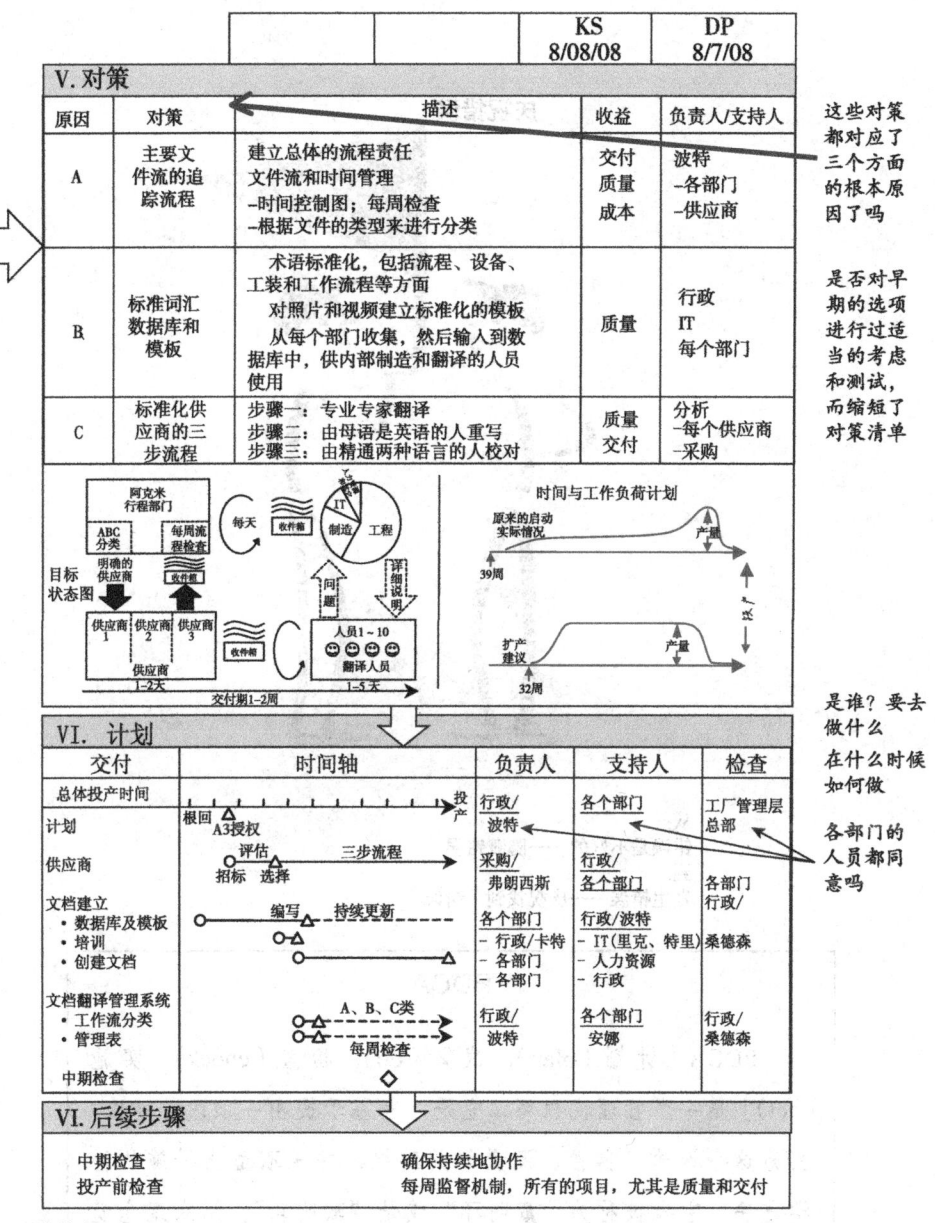

波特的 A3

从:
错误是不好的——隐藏错误
到:
发生错误——庆祝找到了错误

PDCA

PDCA [计划（plan）、试做（do）、检查（check）、实施（act）] 是一个管理流程环，它是一套基于提出一项改善建议，实施这个改进，监控、测量相关结果，并采取适当措施的科学方法。它也被称为"戴明环"或是"戴明轮"，用来纪念爱德华兹·戴明（W. Edwards Deming）。戴明于20世纪50年代在日本用简单的形式，提出了这个概念，并在随后的几十年里，不断优化。作为一个持续改善的系统，PDCA流程多年来被不断研究，并改进成许多相似的管理流程，如：LAMDA［查看（look）、询问（ask）、建模（model）、讨论（discuss）、执行（act），即艾尔·沃德"知识创造环"的缩写］，以及由一名军事战略家约翰·博伊德（John Boyd）发明的OODA［观察（observe）、定方向（orient）、做决定（decide）、实施（act）］决定环（见图5-4）。

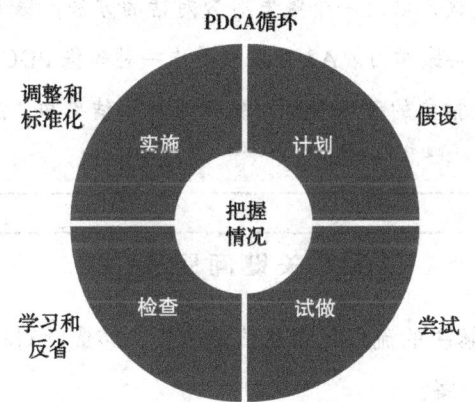

图 5-4　从 pDpD（尝试，失败，尝试，失败）到 PDCA 的循环

PDCA 循环有四个阶段：

1. **计划**（plan）：界定问题的当前状况、流程的目标，以及达成目标所需改进的行动和小目标。类似于"假设"。

2. **试做**（do）：对变革或新流程进行尝试。类似于"试验，试制"。

3. **检查**（check）：评估结果，并问清大家学到了什么。类似于"学习并反省"。

4. **实施**（act）：将学习融入新的流程。将改进标准化并稳定，再重新开始整个流程。类似于"调整并标准化"。

PDCA 的魔力在 A3 思维的系统方法中得到完全体现。在某一个层面上来说，A3 就是抓住你想做什么、怎样检查，以及怎样调整改进，来具体执行 PDCA。但在一个更广的层面，A3 的实际使用确保了 PDCA 流程的学习流程。A3 作为一个问题、一个建议，以及一个触发有效对话的方法，保证 PDCA 流程能够支持实践学习。A3 可以被看作一种确保 PDCA，同时将数个广义且抽象的管理目标，转化为实际结果和"深化组织能力"的方法。㊀

关键问题

- 问题解决的流程是否从快速改正，转成针对根本原因的对策方案？

- 当前的 A3 是否反映了参与工作的相关人员的意见？对策能否获得大家的支持？

㊀ 《竞争成就完美》（"Competing to Be Really, Really Good"），藤本隆宏（Takahiro Fujimoto），日本国际出版社（International House of Japan），日本，2007 年。

- 你是否看到你的 A3（以及 A3 所涉及的工作）能与上下级同事的 A3（及他们的工作）相契合？
- A3 是否通过在最初提议的对策基础上，反复尝试而不断演进？
- 你是否用 PDCA 循环来执行计划，并通过试验获得知识？

Managing to Learn | 第 6 章

永恒的 PDCA
培养 A3 的思想者

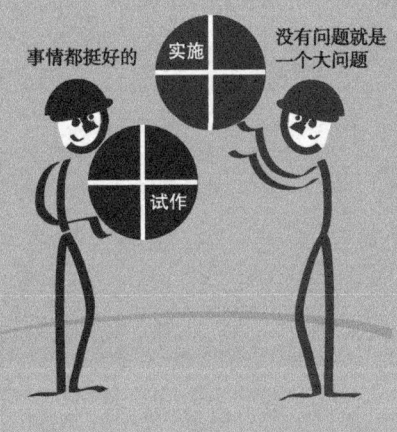

波特认识到制定和实施有效的对策并不是改进过程的终结。现在，改进目标已达成，接下来的任务是与其他人分享经验教训与标准化，并去沟通主要的实践方法，创建一个工作反省机制，用新的眼光去观察新的问题，并持续改善。此种工作方式不仅适用于处理机械上的或流程的问题，而且还可教育每个人的思想和工作方式，是一个能够贯穿至最低层面员工，并影响整个公司运作的工作方式。

其间，桑德森考虑如何把这个项目的成果，与更广泛的公司目标相结合，并引至正在进行的项目中去。他斟酌着如何将阿克米的 A3 思想与战略执行相结合；如何通过具有反省精神去解决问题的人，更广泛地在实践中检验所设的目标；以及如何通过 A3 与战略部署（方针管理）的连接，最终掌握相关的知识，从而形成新的、更好的战略。

A3 管理

扩建工程所需的大批文件翻译工作，已经全面铺开三个月了，是时候对改进项目开展评审了。波特虽对此略有些紧张，但是他对取得的进步还是充满信心的。

本改进项目最大的成功点之一是作业指导书的翻译工作，这也是过去最令人担心的部分。这个带有标准化模板，具演示作用的图片改进流程，被证明非常受现场员工欢迎。作业指导书的翻译文件只是草稿，为车间工人负起责任提供基础。每当工人在实施标准化作业遇到困难需要解决问题时，或当通过改善提高作业水平时，都要提出修改计划。阿克米的管理层高兴地看到，工人已经在使用新的作业指导书来总结实际工作中的改善经验。一些作业描述已经有了很大程度的改进，有些甚至在投产前，就进行了修改。

当然还会有许多的问题。一个主要问题是，交接没能像所希望的一样顺利。特别是，一些翻译人员在最后一分钟还要做一些修改，他们往往贸然引入新的术语，来处理那些较困难的文件，从而导致

方法管理

桑德森很想接受波特的初步调查结果，在他的A3报告中加入新的改善成果，作为在工厂广泛推行的进展标志，汇报给他的老板。然而，他没有这样做。因为他清楚，现在比以往任何时候都更需要通过训练和辅导来带领波特和他的团队，用同样手把手的方法，促使他们成长。

他希望波特集中精力在具体战术阶段应用A3的思想。有人不满足于通过问5个为什么的过程发现快速的解决方案，然而，持久的变化来自用A3思想，在完整的框架计划上实施相关对策。

当然，他可以教波特几手管理方面的方法，但真正的经验教训仍然还是来自做计划工作的实际操

了生产线无所适从。还有一些翻译人员，恢复了旧有的习惯，积压了一些制作中的文档。但整体上，正如波特所希望的一样，效率和质量还是有非常显著的提升。

波特与桑德森讨论过当前所面临的挑战，他不满意一些人的态度。波特需要让每个人都能承担起解决问题的责任。

桑德森鼓励波特要"花在时间节点和交付方面的精力，要与对行动事项关注的程度一样多。并以此作为参照点，掌握事情是如何运作的"。

"但是，如果他们都没能按要求做到呢？"波特问道，"难道他们不应该按要求做吗？毕竟，我们都有了要实现的目标。他们既然同意了这个计划，就应该遵循。"

桑德森停顿了一下，考虑着如何转变他的观点。"当事情偏离了计划，这是几乎可以肯定的，你的责任不仅仅是要求他们去做各自的工作，或者是去盯住他们一直到做好为止。你的角色是让每个人都关注为什么事情会向坏的一面发展，同样

作细节。波特还需要继续深入工作，正如精益老法师所说的"水落石出"。这个比喻就是说，把表象降得越低，更多潜伏的浪费才越容易暴露出来，并被削减。当前，他如何能打破障碍使问题呈现出来呢？有没有更好的方法呢？如果有的话，如何实现呢？

不管目前他们已经进到了哪个流程，或取得了怎样的进步，桑德森清楚，重点是要将A3的思想建立起来。掌握持续改善技术或对策都很要紧，但是相对而言还是次要的。因为明天还会有其他完全不同的问题、项目和机会，这些更需要A3思想。反省和学习越多，对个人和组织就越有益。

波特已经经历了一

重要的是，为什么事情会向好的一面发展。这不仅是针对人，也是针对流程。请记住，这就是为什么你要创建一个追踪程序的原因。"

波特记住了桑德森的意见，他返回到现场，调查为什么员工在最后一刻做那么多的修改。重要的是，他已要求不同团队成员负责总体过程的某一部分，并就如何实施改进制定他们个人的A3。"关注流程，关注作业。"他叮嘱自己，也告诉了别人。

波特发现这么做所碰到的抵触开始比他以前碰到的少了（但这样做越来越需要他具有某种特质，就像几周前桑德森教诲他的一样）。一旦管理层和部门提出或签准了对策，并许诺给予相关的资源，基层的抵触就不成问题了，计划也更加清晰透明。大家在一开始就对总体目标、主要转变、行动内容达成共识，并且把共识可视化。所有人都可以看到各自的职责任务，与其他人的工作如何相互依存。虽然这仍旧不同于一台上好油的机器，但当计划铺开后，良好的团队作业

条很漫长的道路，桑德森为他的成长感到自豪。然而，他们下面还有很长的路要走。波特最大的问题仍然是容易冲动地跳到结论或行动。经过几轮改进，他会觉得他的工作已经做好了。

桑德森知道退回到"自动驾驶"式的管理，将削弱许多已经取得的成果，而且肯定会破坏持续学习的能力。

对一个显著的进展感到满足的那种不自觉的冲动，本身就是桑德森需要去克制的一种诱惑。他需要细心，而且持续不断地打消作为领导者的满足感。

桑德森懂得"领导力"是最重要的，他的目标是促使员工思考并积极行动。他所掌握的"管理"全部都与思想有关——形成正确

就自然形成。

波特和团队（一个虚拟的"团队"，因为团队成员都隶属于不同部门，而且也不在同一个地方办公）继续深入地调查。首先，作为提高效率的一种方法，他们创建并引入了时间图表，来显示当前每个文件的进度情况，并且凸显那些在跟踪的项目。这样即刻就能找到某某文件的情况，通过不同颜色使任何人都对文件的优先级一目了然。

一个特别的想法在波特的头脑中涌现，这个想法提醒着他，做具体事情的才能总结出一种最有效的方式（但并非总是如此）。在和翻译人员讨论试点运作时，波特征求关于如何修订流程的意见。他让阿吉制定一份关于这个问题的A3，阿吉是最有经验的翻译人员之一，也是最抵制波特改进的人，所以波特预期着一场矛盾。

不过，阿吉也在逐渐地转变，并参与到流程改进中（而不再是抵制者），带着她的想法投入进来。她创建了一个A3，明确地描述了不同阶段翻译复杂性的问

处理问题的步骤方法。领导就是促使其他人思考⊖。他最大的挑战是找出能使其他人主动承担责任的方法。

由此，他继续用同样源自A3的核心思想的方法：问问题。他目前的重点是制定具有挑战性的期望，让波特保持要达成新目标的积极状态。他将着重放在如何训练波特进行计划中的3个月的审查。

桑德森需要波特确保在付诸行动时，团队成员对计划能有共识。因为波特作为"总工程师"领导这项工作，并没有实际的权力，也没有直接的工作汇报关系，他必须通过一言九鼎的承诺来领导，而不是寻求对于权力的遵从。

⊖ 源自David Verble未发表的文章。Verble是原丰田北美机构的组织开发和管理层培训的经理。

题，并且给出了降低复杂性的对策。"如果把工作分为两个流，一个简单的，一个复杂的，然后用简单的先进先出原则处理每个工作流，这样做怎么样？"她指着A3问道。她建议用一个小试验来尝试这个想法。

波特和他的"虚拟团队"

随着工作的进行，交付延误的和其他问题自然地暴露出来了。波特和团队继续设计新的A3来分析延误的原因，当根本原因和对策显而易见时，他们的观察会促使他们"马上行动"，作为这些A3报告的结果，反复与作者交谈所获得的发现（如同桑德森与波特一起工作的模式），可以让波特和团队能够执行，并检验文档顺利传递的对策。

波特对整体的结果感到满意，三步翻译流程被证明对跟踪错误和加速流程是有效的。尽管当前仍处于逐步完善的阶段，标准化的术语表已经大幅度降低了文档中的很多错误。

他拥有的唯一职权就是通过A3的流程：基于拉动的职权。

看板民主

当前情况下，对于管理层最大的挑战之一是结合A3过程，继续领导，并进行工作。

桑德森回顾说，一个真正精益公司的运作，要像丰田先驱大野耐一所称的"看板民主"⊖，在需要的时间、需要的地点拉动权限：根据需要及时拉动的职权。A3的目的是形成一套明确的、一致的规则，形成平等的相互依赖的组织。当过程证实是正确时，

⊖ Setsuo Mito, *An Album of a Management Revolution*, (Tokyo: Seiryu Shuppan, 2007).

标准术语的开发项目,引出了更多的想法和热情,人人都开始意识到潜在的改进。翻译人员已经将他们工作中遇到的关键定义,汇编成为固化的表单(一个新的想法),创建一个共享的网络空间,用于发布与检查,使之成为一种持续完善、广泛分享的资源。

波特去见桑德森汇报项目的情况。"事情进展如何了?"桑德森说道,他期待在三个月审查前,可以多一些了解。

"纸面上看起来还不错,但并不是每件事情都能完全按计划进行。"波特说。

"计划往往赶不上变化的,"桑德森回答道,"有些什么问题呢?"

"嗯,"波特继续说,"正如您所知道的,实践证明,汇编标准词汇表的工作,要比我们想象的困难得多。我们已经完成了,但是一些人并不想使用它。"

桑德森迫切想搞清楚:"什么意思,他们'不想使用它'吗?"

"我们给他们提供了词汇表,并且在3个星期前进行了培训,但他们仍然没有

他们就会加强领导、管理并采取行动(见图6-1)。

波特接下来需要学习,如何做类似决策的职权,这在特定环境下,可以发挥微妙的作用,并不一定是头衔的作用。当事情进展到关键点,A3过程将持续地引导,并要求所有人,提供证据来证明为什么做出决定。A3给予计划合理化的基础,并提供向前推进的授权。

流程法则,桑德森想到。这就是为什么在一个精益组织中,职务和头衔有时表现出不断变化的原因。对于新接触A3的人最难的挑战之一就是,担心正式头衔与他们实际工作之间的落差。

当波特成功将阿克米的资源重新分配时,他和其他人需要确定工作内容,而不是形式上的头衔。对于那些习惯于划职权地盘

按标准工作去做。"

桑德森问道:"你知道他们为什么不按要求去做吗?你问过他们为什么吗?"

波特回答道:"还没有问过。现在我知道了,我会去问他们为什么。"

桑德森说:"好极了!让我早些知道这件事情的进展,我们下次什么时候能再见面?"

和本位主义严重的人是非常难的。然而,如果想进行作业改进,消除各种形式的浪费,那么每个人都必须明确自己的工作职责,以适应新的工作。他们可以继续使用 A3 来作为一种方法,负起责任,赢得职权来展开工作。

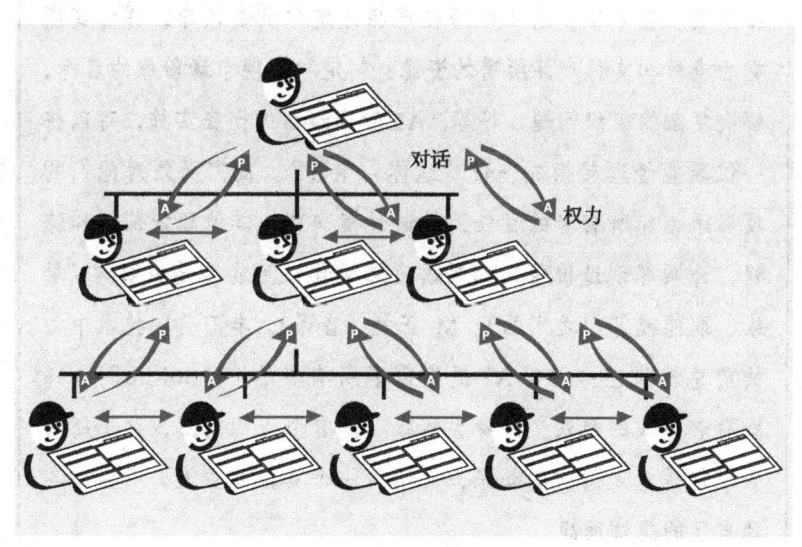

图 6-1　基于拉动的权力

注:每个人在不同级别都有明确的责任和所有权,A3 形成基于拉动的权力机制,当被需要时,获取相应的权力。

> 适时授予权力到需要的地方：根据需求、准时、基于拉动的权力。

迷你－主查（Shusa）⊖

丰田成功的管理系统中，"主查"（Shusa）或产品总工程师的角色是重要动力之一。"主查"（Shusa，总工程师）在日本企业是一个非常重要的职位，在丰田公司的主查对产品或项目在设定愿景和确保成功交付方面，具有广泛的责任。丰田产品开发的总工程师并不直接管理所需要的资源，但是他对项目或产品负责。在丰田，总工程师在产品开发中负责领导，并协调所有的流程和交付产品所需的资源：制定和实现市场份额的目标，解决复杂的组织问题，等等。A3 管理过程的彻底实施，可以将一位职能经理转换成一位"迷你－主查"。他们必须对他们的项目承担起所有者的责任，并通过横向整合其他职能部门和流程，为顾客创造价值，如果垂直地运作，可能会造成鸿沟（层级、职能或部门之间的）。M. 正树（音译），丰田美国技术中心的前总裁指出：任何 A3 提案需要所有者的"omoi-ire"——所有者个人的想法，亲身去实践。没有个人的想法，这个所有者仅仅是他人想法的管家，而不是一个真正的主人，不会为实现自己的想法而战。

⊖ 相关概念，见"迷你－公司"的概念：Kiyoshi Suzaki,《结果来自于心》（Results From the Heart, New York: Free Press, 2002 年）。

反省

波特准备了与桑德森主持的 3 个月评审会，参加的还有翻译团队、用户和所有与这个流程相关的人。他和翻译团队反省了他们的所学。在总结技术上的经验教训之外，他的目标是测试每个参与者是否学会了 A3 的思想方式，学习和共同解决问题的方法。

波特回想起他先前听到的对 A3 的诠释：A3 最终的目的不仅要解决问题，而且还要形成清晰的、可继续培养的解决问题流程，从而创建一个问题解决者组成的组织。

为了 3 个月的评审，波特把"培养人方面的反省"作为最后的议程，并与团队探究了几个关键性问题：

- 通过任务分配，人员的工作做得有多好？
- 当工作有进展时，经验教训是否被共享？
- 是否有行动或思维上的失误？
- 工作被证明是更容易了还是更难了？是否有更大的挑战？

这些问题提出来并不是要责备任何

人的问题

桑德森察看了所有正在进行的 A3，检查评估波特项目的内在影响是他更大的目的。当他思考波特是如何协助他完成工作时，他回想起这句话，"你可以授予他人权威，但你永远不能授予他人责任。"⊖波特通过自己的努力获取了推进项目所必须的权威，提高了自己，并负起了组织一群人参与到他的计划中的责任。而现在，桑德森的责任需要改变。

这对桑德森是一个有趣的问题，他准备了 A3 报告来应对这一挑战。在与他的老板讨论此事之前，他让波特提供基于事实的对当前状况的分析。他同

⊖ Jason Santamaria, Vincent Martino, and Eric K. Clemons, *The Marine Corps Way* (New York: McGraw Hill, 2005).

人；每个人都明白目标是寻找实施改善的机会（见图6-2）。波特对评审之前的"经验总结"会感到高兴。总体而言，跟翻译团队的交谈专注于工作本身，而且将实际情况反映在最新的A3中。若干进一步改进的建议已经被提出来了。

实际的评审会没有预想中的好，尽管如此，评审会还是对波特进一步学习起到了鞭策的作用。

评审会议期间，他学到了自己近期才意识到的一个认识。在一开始，波特原来设想项目不久将会结项，在后来，他开始先研究当前作业的细节，琢磨为什么与目标存在差距。波特第一次感觉自己终于理解了持续改进中"持续"二字的含义。他不会因层出不穷的突发问题而感到气馁，而是被不断出现的机遇和挑战所鼓舞。

会议结束后，波特提议做一个长期目标的A3：将改进工作纳入正轨，使他无须亲自监查项目，让团队成员接手协调工作。波特意识到，他已经建立了一个有效的新流程，现在他完全可以放手了。

样也听取了波特对其他放在他桌上的A3的意见。例如，是否应该制定一个增加员工的A3，来说明是否需要雇用一位双语工程师？

他对波特的指导工作，也是对他自己的训练能力一个很好的测试。相比其他工作上的疲劳，教导波特或其他人应该做什么，或试着通过困难和问题来传授的方式要累人得多。现在他感觉很有信心了，他可以信赖波特和其他人去获得准确的数据，以及问题的解决。

不仅桑德森继续赋予波特更多的责任，而且现在波特也在自我学习旅程中取得了长足的进步。桑德森将观察波特如何指导其他人，培养新的问题解决者。见证培养新人，也是他工作中最有价值的一部分。

第6章 永恒的PDCA：培养A3的思想者

文档翻译3个月回顾
关键举措（从建议的A3报告来）
回顾者：＿＿＿ 日期：08年9月20日 负责人：波特

评估		状态	对策	负责人/时间
供应商流程	◎	已经建立三步流程，有效	持续PDCA	波特 正在进行
集中化的"文档流"追踪流程	○	已经建立，有效 －还可能有一些问题	调整，观察，倾听 问为什么，根回	波特 正在进行
标准词汇的数据库和模板	△	开发延误 －在阿克米的专家中很难取得未语的一致意见 －技术困难 －IT系统的兼容性问题 －软件小问题导致的拖延 －照片和视频大量应用 －有些部门持续使用，有些没有 －有些翻译人员持续使用，有些没有	已经实施了对策，回归正轨 持续检查 调查，5个为什么，培训	波特，每个部门 里克，特里 波特，每个部门 波特，安娜，每个供应商

◎超过预期 ○达到预期 △需要一些改进

目标	计划	实际	分析	对策	负责人/时间
翻译量	2 200页	2 200页	计划的文档已经完成，但是需要加班和返工 有一些文件还是交付晚了	维持现在的总体翻译量水平； 确保准时准确地交付 →回顾和提高中央的运送机制 确定下周开会（详细的项目回顾）	波特 2008年9月27日
成本 加班占总工作时间的百分比	0%	10%	由于返工导致了10%的加班	通过减少返工来减少"加班" －见下面的"质量"	同下
交付 准时准确交付率百分比	100%	90%	由于返工，很多文件被退回或者延误	通过减少返工来减少"加班" －见下面的"质量"	同下
质量 返工率百分比	0%	10%	有一些文件被退回 很多文件延误是因为在翻译人员和文件创建者之间接收不断的问题 →大部分都是"作业指导书"	临时向现场派出驻现场翻译专家	波特：阿克米审批 弗朗西斯：供应商协调 安娜：翻译人员协调

图 6-2 波特的3个月回顾议程

> 计划是不断变化的。

反省:将"检查"放入 PDCA 流程中

"Hansei"是日语自我反省的意思,是指通过回顾与思考如何对组织或业绩的不足予以改进的持续改进方式。正式的反省会议通常会在关键时间节点(里程碑)举行,如项目结束时,来明确问题,制定对策,并向其他组织传达改善情况,以使错误不重复出现。非正式的反省可以每天都做。反省与改善、标准化是学习精益运作的关键。㊀

建立有效反省的能力,是精益组织的特征之———持续学习的一把钥匙。这样的核心素质,可以使公司形成丰田学者藤本隆宏所称的"进化的学习能力"。

虽然许多企业尝试这样的做法,分享知识,建立学习型组织,但藤本隆宏还是强调,丰田的综合性做法,是进化学习的样板。以下是他对收集信息、反省、成长的制度性能力的描述:无论多么成功的公司,都需要建立"有准备的"文化。这样可以将意料中及意料外的行动后果、碰运气成功的事和完备的计划、暂时的成功与失败,转换成具有长期竞争力的日常事务……毕竟,好运总是青睐有准备的组织。㊁

㊀ Lean Lexicon《精益术语汇编》第 4 版,Chet Marchwinski, John Shook, and Alexis Schroeder 修订(Cambridge, MA: Lean Enterprise Institute, 2008)。

㊁ Takihio Fujimoto 藤本隆宏, The Evolution of A Manufacturing System at Toyota (New York: Oxford University Press, 1999)。

> 反省对应的是 PDCA 中检查与学习过程。在美国最常见的有效反省是事后回顾（After Action Review, AAR）。事后回顾是由美国陆军最早开发并使用的，现在也作为商业活动的例行工作。

为了更好的问题和更好的员工

当新工厂临近启用时，波特认识到通过他最新的 A3，真正创建了新的"问题"，已经实现了很大的进步。这是一件好事。好的情况并不意味着工作已经完成了：他看到每个"解决办法"下面仅意味着新的问题的发现。

例如，许多波特的同事和下属，都忠实地依据 A3 步骤做事。波特已经充满热情地把 A3 作为工具，用来发起新的改善行动，他已开始鼓励每个人用这个流程来思考。他对员工上手 A3 的速度之快感到惊讶，更令他惊讶的是解决问题的进展。

桑德森对波特指出，相对于对流程的思考，他和其他人过多关注于"把 A3 写漂亮"。有几次他看到某些人驳回了别人很有用的 A3，理由是没有遵循所谓的

智慧是不容易被量化的

桑德森对波特所达成的结果感到骄傲。他已逐渐成为一个有效的 A3 思想者，并开始培养其他的 A3 思想者。桑德森不仅重视波特在项目方面的想法，而且还观察他如何指导其他人面对挑战，不断改善思考方式。

当他自己反省所学到的经验教训时，桑德森承认，自己的 A3 思想取得了进步，可以有效地培养出思考型的问题解决者。但也并不十全十美，因此，他问自己，可以对此改进吗？

公司对取得这样大的成功并培养了熟练掌握 A3

标准模板。

在这种情况下，波特应善意地提醒大家，A3 的要点不是做出一份"干净"的文件，而是要建立有效的对策，并逐渐灌输这种思考方式。他通过问一些项目的细节问题，来引出 A3 的核心点，同时他也在努力以身作则。最重要的是，他不断地寻找鼓励大家主动采取行动的方法。

当他思考如何实现这一目标时，他意识到桑德森的确教会了他如何去学习。他之所以能学会积极主动，主要是因为桑德森很少提供解决方案。他发现他所学会的许多事情，是通过关注手头工作而掌握的。他设法照同样的方式去指导其他人。

波特充满热情，想要将 A3 思想植入公司的每个组成部门。实际上，波特在他办公桌上已经有了一个新的 A3。他在翻译流程改进方面的成功，为他带来新的挑战。桑德森要求波特监管扩建厂房的首次满负荷生产的质量。

波特意识到，这是一个雄心勃勃的管理的经理和员工，感到满意。然而，他从指导波特的经验了解到，这个学习的过程，不能由机械的或"线性"的方式产生。学习是一个动态的、具有人性的过程，需要支持、培育甚至（在某种程度上的）管理——每个人只能从经验中学习。

桑德森曾经从一位公司经验丰富的老员工处听到一个简单但不一定确切的说法："丰田生产方式就是一套用来实现'精益'理想的对策。"他将此解读为：任何事情（甚至为了推进理想的核心实践）都不能逃脱 A3 学习的审查。

每个工具和原则，本质上都是持续改善征途上的对策。他明白他的角色（责任）是为这个强大而有效的实践寻求进一步的改

挑战，无疑将揭开许多新的问题和冲突。他把所有的时间都花在现场，通过对话交流、深入观察、讨论、亲身参与来掌握实际情况。由此波特才认识到这个流程（一个大问题里面充满了许多的小问题）也是成长和学习的机会。考虑到这一点，他拿出一块空白的 A3 纸，并在右上角签上他的名字。

善。随即，桑德森拿出一块空白的 A3 纸，在右上角签上他的名字，开始另一轮新的 A3 计划。

关键问题

- 你是否有意将评审作为一种方式，来与团队成员或其他人，分享 A3 的收获？
- 你有没有抓住并沟通团队学习收获的关键细节？
- 你有没有考虑一系列广泛的潜在可能性，以及改变的后果并制定后续行动以诠释这一可能性？
- 你的 A3 主题是否成熟到展开一轮完整的 PDCA 循环？你是否应该将你人员的注意力转移到其他地方？
- 你的团队是否已获得 A3 思考的能力？团队成员是否能提出问题和想法，还是等待着分配任务？
- 问题是否重复发生？这表明问题没有从根源上得到解决。
- 员工遇到问题时，是否还是直接跳到解决方案？

结论 | Managing to Learn

学着去学习

现在你可以先把前面学习过的 A3 格式和案例放一放。与其将 A3 视作一个刻板的模板，不如把 A3 当作一张白纸甚至是空白的白板。将空白的 A3 作为一个谈话的开始、新项目的启动或者新旅程的起航。A3 的关键不是纸张或格式，而是其中的过程。

本书向你展示了一个人的学习之旅，它也能反映出你学习历程中的一部分。在这个故事中，我们可以看到波特经历了一个 A3 新手经常走过的 3 个关键阶段：

1. 波特直接跳到了结论（这个经常发生），并且对它倾注了强烈的感情。这是他（或你的员工？）在试着去解决问题时常常采取的方式：当他开始提出解决方案后，就会迅速地投入个人感情，急切地想提出一个快速见效的、具有创造性的解决方案。就"解决"一些显露出来的症状或甚至更深一点的问题而言，这个结论可能是"正确"或"不正确"的。在这个阶段，主要是要提供一个解决方案的需求驱使着问题的所有者。这个解决方案是波特"自己的",并且他也感到了很大的压力,需要去证明他的方案是正确的。

2. 然后波特发现他可以仅仅作为一个调查者,让需求和事实情况来说话。这个对现实真谛的感悟是 A3 流程的核心,却并不容易:我经历了许多事,经过很长的时间,才真正地"掌握"了这个方法。然而建立这种可以使问题解决者(这个案例里是波特)从总是要证明他是"正确的"焦虑中和总是要有个"解决方案"的压力下释放出来的方法。一旦掌握,也就容易理解了。

3. 最后,波特发现他的学习还有另一个阶段。虽然客观的调查人的姿态在项目中的"发现事实"的阶段是合适的,但是他认识到在最后的方案阶段,他必须摆脱放任主义的态度,综合运用他所学到的东西,确定最好的行动路线。然后他必须带领大家循着那个路径,直到有事实指出另一个路径才是更好的。这意味着 A3 的所有者必须连续地或同时地把握两个特性:客观,冷静放下自我意识,但同时又负起方案带头人和所有者的职责。

这个最后的阶段可能听起来很自相矛盾,同时包含了两个极端,但它确实就是这样。这里有另外一个例子表明 A3 方法不仅是实际的工具,更是学习的方式。A3 要求用"不但/而且"的视角来看问题,而不是那种会限制人们理解力的"不是/就是"的思维模式。

从我一开始在丰田市的经历算起，我已经学习了 25 年的 A3 流程。我被指导过，看别人被指导过，我自己也指导过别人。我争论过，教导过，训斥过和被训斥过。我开始理解他人并因此为他人所理解。我学习去将事情做好，去与组织相契合，以获取它的资源从而有效地把事情做好。"约翰，你必须利用好组织。它就在那儿等着你。把组织当作你的工具一样使用；当作乐器一样演奏。"我的老板"恳求"我说。老实说，开始我不知道他在说什么。但是通过他持续地教导、坚持、恳求，以及不懈地指导。最终，我开始明白了。

对我来说，A3 所体现的远远不止于作为简单而有力的工具，它体现了活生生的争论精神，体现了相互理解的建立和一致意见的确立，而这些支撑着我所能看见的日常的工作。在建立一份 A3 的过程中，经常会有一些不变的对话，尤其是当这个话题比较重要时。但是即使没有实际的一张纸面的 A3，还是存在同样结构和感觉的对话。我试图在本书里捕捉一些那种精神，重要的是那种对话的精神，而不是一份纸面的 A3。

最后，在 20 世纪 80 年代中期协助丰田转移它的生产和管理系统去北美时，我教导过其他人关于 A3 的流程。我们最初没有在北美丰田业务中建立 A3 流程；让业务启动和运作起来就够我们忙的了。而且，我们假定（事后证明并不正确）这里肯定有些大体上等同于 A3 的流程，而且在北美公司已经很常见。"一页备忘录"和务求简单（keep it simple stupid, KISS）这一缩写已经是众所周知，而且在北美，普遍已经有了大量的计划流程和培训项目。既然A3仅仅是一张纸，我们没有（至少我没有）想过要试图在我们北美新的分支机构内建立成一个正式的工作流程。直到数年后，我们才认识到要使本土的经理掌握PDCA并将其作为思考和运作的流程有多么的困难。然后，对于我们来说，最自然的事就是将A3重新拿出来，从20世纪90年代早期开始在北美丰田更加正式地推广。

我第一次的A3教导经历是发生在我1988年从丰田市转移到丰田东京办公室的时候。作为丰田汽车销售机构的一部分（1950～1982年，丰田在日本被分成制造公司和销售公司），东京办公室还没有严格使用A3流程的传统。

随着1982年两家公司的合并，东京的经理被要求以A3报告的方式向丰田市总部提交建议。让我惊讶的是，许多我在东京丰田的日本同事在制作A3报告方面非常差；我发现我自己处于奇怪的位置——训练我的同事在A3报告里应该包含什么信息以及怎么把这些信息组织起来，以便更有效地与总部沟通。相对于一个刚一起从丰田市转移到东京来的更加资深的同事，我仍然是一个新手。

这位同事，小野先生是真正的A3大师。之后的几乎每个晚上，在大部分员工已经回家后，以年轻员工为主的一班人就会在小野先生的办公桌旁排成一列，他们都在参与各种各样的公司项目。他们排队来征询小野先生对他们A3的建议。小野先生是个老烟枪。在巨大的开放式办公室中间，他晚上的办公桌总是烟雾缭绕。每当结束一个，小野先生会抬头并示意下一个人上前来递上他的 A3。小野先生会把它拿在手中，快速浏览一遍，总是一脸的苦相，紧皱眉头；深吸一口烟，然后从嘴角吐出，烟雾吞没了小野先生、办公桌和年轻的 A3 作者。这时小野先生会做出他第一个真正的反应，从轻蔑的嘲笑到嘲弄的狂笑再到无情的奚落。他会大声地朗读 A3 报告，无视作者的存在，通过这种方式了解纸上的每一个细微差别，讨论含意，读出其中的简单错误。当他继续阅读并开始理解 A3 中的业务问题时，他经常会开始微笑，说出他的发现并提些问题。经过大约 10 分钟的大声阅读和思考后，他会给出大概 10 分钟左右的富有价值的评论；至此，才是笑容和愉快的时光。最后他会提出一些郑重的建议。然后是下一个，每天晚上都如此。

小野先生并不是唯一一个这样做的人，这种形式的指导在丰田随处可见。这种指导甚至被正式地加入到了管理能力发展系统中。外面的人经常以为丰田的经理天生就思维相似，自然地"理解一致"。事实远非如此。

当大野耐一说"看板民主"⊖时，他指的是一种文化，同时也是指一旦 A3 的思想成为人们工作的基础时，运作方式的转变就发生了。就像看板卡为生产（生产指令看板）或搬运（提货看板）这些活动提供了权力，可以通过 A3 流程根据人们的需求，在需要的时间提供基于拉动的权力。A3 和它的强大一样简单。

⊖ Setsuo Mito, *An Album of a Management Revolution*, (Tokyo: Seiryu Shuppan, 2007)

事实上，建议书 A3 最重要的功能是在为公司提供一个授权行动的机制的同时，将行动的主动权保留在做这个事情的人（负责人）的手里。A3 流程就是人们如何获得权力和同意，从而去把正确的事情做好。它促使高层管理者成为业务的所有者，并且为公司培养了所需的专家，正是这些专家让基于现场的持续改进得以保持。这点在需要专业知识的活动中尤其重要。在工厂里，责任通常是清晰的，特别对于生产工人，真正的挑战是让人们去思考。对于办公室或其他形式的脑力工作，每个人的工作就是去思考，而在那里的问题是责任，通常是混乱的。

当你思考一下在你公司里事情是如何得到批准的，你将会发现许多具体的事情，如项目花费或政策选择是可以清楚地说明的。然而，对于核心运作甚至战略方面的事情是怎样决定这些细节的，可能就没有清晰的答案了。仅有的是一个含糊的认识，就是根据定义模糊的责任，每个人获得了需要的授权就可以去做事了。结果如何？责任变得不清晰，随着争权夺势中的迷惑和挫折感的出现，决策流程出现了故障。A3 流程提供了一个"文雅"而有效的方法来解决这个问题。谁知道在某一特定的时间点，什么权力是需要的和哪些行动是必须的？显而易见，答案就是做这个工作的人，也就是负责人。A3 是实现在正确的时间做正确的决定的手段。这就是为什么基于拉动的权力可能是整个丰田系统的最重要的 JIT 元素。

对于 A3 思想的最后一句话是：无论这些活动是微观的个人级别的标准化作业和改善，以及经理级别的系统改善，还是公司级别的主要战略/策略决策，基本的思考方式将会使组织内每个层面的所有活动重塑成为学习行为。所有这些流程本质上都以同样的方式运作，只是在公司不同的层级被给予不同的名称和构架而已。问题解决、持续改进、改善：无论是归纳性的还是演绎性的，它们都是基于：①了解因果关系；②寻找可预期性；③确保持续地、无止境地学习。

明白这个基本的思考方式将帮助你避免执着于 A3 的格式。A3 格式的数量大致等同于所有完成的 A3 报告的数量。这里大致有 3 种（有人说 4 种）主要的 A3 报告"类型"：从下向上提出建议、问题解决、实施变革，并且针对每一种都有些专门设计的模板。但是 A3 流程的高明之处正在于它是灵活的。书中的例子遵循了一个具体项目的路径，而你的路径毫无疑问会看上去不同。

你可能会问"标准化是怎么回事？"我想这个问题的答案就在于：明确我们想要标准化什么。如果我们想将具体的行动或任务标准化，那么你可能希望提供一个标准模板，然后强制遵从。然而，如果你想导入一个严格的思考流程，一个稳健的问题解决方法，以及鼓励个人积极主动开展工作，那么这个工具就必须像它试图去帮助解决的问题本身一样灵活和多变，像使用它的人一样的多样。

简单地说，我们的目的是在学习 A3 的每一步时，都要在 A3 的流程中体现彻底的 PDCA，体现它的基本思考方式和随后的行动，努力理解因果关系和获得可预期性。无论是否包含在真实的 A3 报告中，你都可以开始考虑包含这种思想的谈话，就像在以

"虚拟 A3"为中心一样。在那里，讨论者为他们的聆听者细心地构建他们的观点，在客观和尊重的基础上分享信息以获得相互的理解，通过大量的争辩来交换意见和获得一致，然后制订计划并着手实施。彻底的反思确保了这个回路是闭环的，学习到经验教训，而后重新开始一个流程。

附录 A　Managing to Learn

着手开始
A3 需要两种角色

你想在你的组织里建立 A3 的流程并用 A3 的思想去处理问题、提交想法和上项目。你的组织应该如何思考和行动，才能跟 A3 的原则一致？你应该做什么？从哪里开始？

首先，必须从某一点开始做，而后从实践中不断学习。无论如何，和你的同事一道试着做是唯一的方法。这只有在实际创建和使用 A3 的流程中才会发生。只有在团队成员挽起袖子，削尖铅笔并实际操作这个方法时，A3 的学习才会真正发生。当你用 A3 表格展示你的想法时，你一定会惊讶于由此导致的反应和探讨。

但对于 A3 流程，即使是最开始的步骤，都要求每个参与的人具备某些技巧；个人可以通过读本书，单独开始 A3 的旅程，学习各种解决问题的工具，或熟悉其他的计划工具。然而，真正的 A3 实践是一个团队行动。

一旦你深入到 A3 的流程里，要切记虽然对于个人来说学习怎么去写 A3 相对容易，但 A3 管理的真正挑战却在于如何正确地使用它。这要求你理解人们在不同的时间，对 A3 的反应是不同的。它确实需要"两个角色"——作者/沟通者和回应者/教练，这两个角色间不断地互动，每个角色都需要掌握一套技巧。因此，你的公司需要开发一套作为作者/沟通者和回应者/教练的技巧。

作者/沟通者

在 A3 的流程中最明显的角色就是作者/沟通者。正如我们从波特的案例中所了解到的，作者是问题或者挑战的所有者。在我们的故事里波特是"A3 的所有者"。他的第一个角色是 A3 的创作者，不仅是简单地撰写一个报告。要想提出有意义的建议，作者/沟通者不能仅在空白的方框内填上内容，让报告看起来不错，却不能达到 A3 的目的，他必须拿出一个有意义的方案，掌握该问题，并获取相应的权力。

这需要你学习 PDCA 循环中的核心环节——问题解决的思维和技术。实际上，A3 流程中行动和改进的阶段，完全依赖于基于事实的问题解决方法，许多经理会要求作者/沟通者，先完成一份确定根本原因的过渡性 A3（就像波特在第 3 章所做的）。这些"过渡性的 A3"或者分析图表可以帮助你逐渐引入 A3 的原则，避免直接跳到结论和解决方案（见图 A-1 和图 A-2）。

通过设计过渡性的 A3，我们注意到 A3 的调查过程到分析为止。作者/沟通者能够在后面完整的 A3 报告中，通过压缩过渡性 A3 上的信息，完成他的建议。

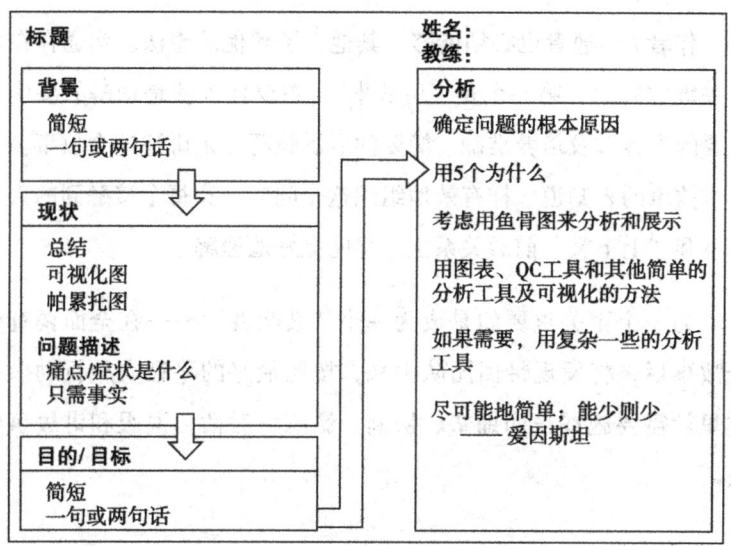

图 A-1 过渡性 A3 模板 A：通过分析

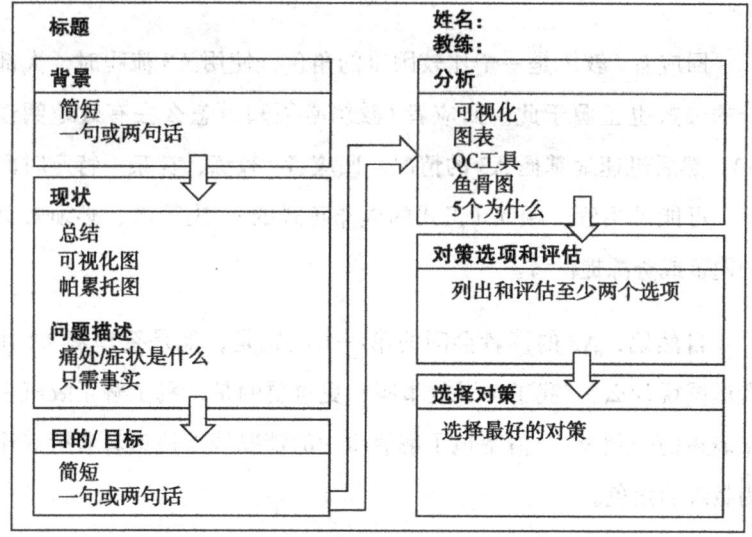

图 A-2 过渡性的 A3 模板 B：通过对策的选择

作者/沟通者也必须能够让其他人了解他的想法。沟通存在两个关键的方面。第一个是"讲故事"，主要任务就是理解故事中最重要的内容以及培养准确、简要的展示技巧，来讲述这个故事。一个讲故事的人知道怎样有效地组织这个问题，让每个接触到的人在深度和"上下文"前后关系上，都能更好地理解。

另一个至关重要的是成为一个"鼓吹者"——在全面调查整个故事后，将发现带回团队中来，按照最好的路径实施行动。在这里就需要施展根回铺垫、协商、影响、对话、说服和讲故事的技巧。

回应者/教练

回应者/教练是一个比较困难的角色，使用A3流程时，大部分的失败也正源于此。回应者/教练必须知道怎么去有效地阅读A3，然后迅速地掌握A3的情况。回应者/教练，在某一特定时间点，可能是主管、顾问（正式的或非正式的）、决策者、必须知会的同事或资源提供者。

自然地，A3的读者会问的第一个问题是，他是否理解A3作者试图说什么："我了解了故事吗？更重要的是，我了解了故事中想表述的问题吗？"清楚地了解故事中的情况能够使读者履行其作为教练的角色。

通过确认他是否真正了解了问题，再来指导和教导A3。教练必须帮助作者确信问题已经得到恰当地分析,并且已经发现了问题的根本原因。教练必须帮助作者,包括自己,避免直接跳到结论。所以在这个阶段结束前,不应当出现关于对策的争论。

接下来,帮助作者/沟通者确定他确实已经提出了一套最好的对策,然后推动他去探究相应的优点。最后,当作者/沟通者与回应者/教练在对策上达成一致,回应者/教练可以帮助他制订一个行动计划。注意!在大多数的情况下,最多的争论是围绕"做什么?"接着疯狂地着重于"我们能多快地完成?"如果不同的参与者都遵循A3中系统性的探讨和对话的次序,那么这些讨论将建立起清晰的相互理解,从而能够容易就什么时候做什么上达成一致。

最后,当参与者在讨论如果对策出现问题,如何通过迅速的反馈循环从中学习时,教练必须鼓励大家探寻学习到的经验。这时,非常关键的是,鼓励大家开诚布公地沟通,哪些事情可能出错,以及如何控制流程。在A3流程的每个步骤中,大家必须提醒自己,学习怎么写A3相对简单,培养持续学习的技能是一个长期的挑战。

一些"可为和不可为"

写一份A3是简单明了的,但下面的一些提示可能会对你有所帮助:

不用担心是否使用钢笔、铅笔或电脑：不可思议的是，用铅笔写在纸上这一简单的想法，能使你的思维更加融入 A3 的流程。大多数有经验的实践者更喜欢用手写 A3。当然，现在是电脑时代了，有些人更喜欢使用电脑来撰写 A3 以便于进行远程的分享。

不拘泥于格式：A3 的故事和格式应该由具体的问题或背景来决定，因为它们才是与问题或项目相关的。就像波特所做的，有些 A3 可能有 7 个方框，而其他的可能有 4 个或 8 个。当作者实际经历 A3 流程时，他将决定每个案例的格式。一些组织建立了标准模板并将它们共享在网络上，这将会有效地节省时间。其优点是人们会遵从这个模板，而缺点也是人们会遵从这个模板。人们可能因为太热衷于"把 A3 做对"，以至于将工作的重心从解决问题这一真正目的转去努力制作干净、令人印象深刻的文档。

务必使信息容易理解：有效的 A3 是通过基于事实（不是抽象的事情）的故事和对故事含义的有效沟通，来说服其他人。尽可能地使 A3 容易阅读，按照逻辑来布置并根据内容的重要性分配空间（比如，给你想强调的分析或对策部分分配更多的空间）。使用词组而非长句子，选用正确的目视工具（见表 A-1）能帮你有效地把大量的信息精简到一个小空间。

让 A3 变得"乱糟糟"：一些最好的 A3 都是那些曾经被传阅、被标注、被修改然后再被传阅、标注和涂涂改改的 A3。A3 越是激起良性的争论，就越是起到了作用。记住，一开始如果每个人不是都"用 A3 说话"并不要紧。必须有人开始带头，才能让其他人逐渐熟悉这个流程。这可能导致混乱和冲突。如果是这样，说明你可能做对了。这个流程可能很"乱糟糟"，但它确实有效。

表 A-1　A3 讲故事的工具

A3的部分	讲故事的工具	
背景	图表	草图
现状	计数图 帕累托图 草图 现状图	柱状图 散布图 控制图 图形
目的/目标	图表	草图
分析	控制图 关系图 树状图 草图 散布图	因果鱼骨图 柱状图 帕累托图 图形
建议对策	图表 草图 图像	图表 未来状态图 评估矩阵
计划	甘特图	
跟踪	草图	图表

务必使用 A3 去控制会议：传阅 A3 并且按照它的次序去讨论，是管理会议的一个好方法。A3 能帮助会议的召集者集中在议题上，使讨论不偏离主题。

使用 A3 去"锁定"一致的意见：当回应者说他们同意时，立即将此直接记录在 A3 上。将同意事项的 A3 复印件抄送给所有相关方。带着同意事项的 A3 去下一次会议。当然，人们还可能会改变主意，但参考之前达成的一致意见，可以使这些改变一目了然。

为了以后参考和分享，务必保存学到的知识：数据库可以保存许多数据，但数据库也可能是个黑盒子——包含太多的数据，以至于没有人知道怎么用简单的方式找到想要的东西。A3 可以作为一个实用的知识分享机制，因为 A3 中的信息，不仅是数据，它还包含事件的来龙去脉，并且讲了一个完整的故事。

附录 B

A3 案例

本书包含了一些 A3 的案例来说明一些常用的格式和主题（见图 B-1～图 B-4）。可以在附录 B 中找到下列 A3：

1. 阿克米公司冲压车间

在阿克米公司冲压车间改善转向支架的价值流，在《学习观察》(Learning to See) 一书中有述。

2. TWI 工业

从《学习观察》的第二个案例开始，此 A3 用于实施一个改善的运营系统，该系统针对一个中等产量和中等品种多样性的价值流，其中有共享的设备和外包运作。

3. 密歇根大学医疗系统

通过患者参与，降低医院复诊率来改进患者的就医流程。

4. Eric Ethington, 德事隆集团精益经理

对一个针对管理层的精益培训项目的回顾，并提出改进的建议。

阿克米冲压转向支架价值流改进

背景
- 产品：钢制冲压成型的转向支架（分为左、右舵车两种型号）
- 18 400个支架/月；每天发货1个托盘，每托盘10箱，每箱20个支架
- 国家大道装配厂（客户）要求降价和更严格的交付要求

现状
- 生产交付期：23.6天
- 加工时间：仅188秒
- 工序间有大量的物料库存
- 换型时间长；焊接设备存在故障停机

现状图

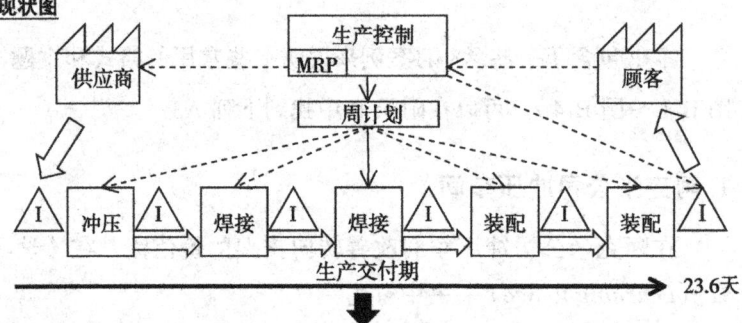

分析
- 每个工序孤岛式独立运作，与顾客需求脱节
- 推式系统；物料在工序间堆积
- 每个工序根据自身运作情况，自行安排生产（换模、停机等）
- 根据顾客90天和30天预测制订生产计划。周计划下达到每个部门。常为了交付而超负荷运作

目标
- 满足客户更严格需求的同时，提高利润
- 缩短生产交付期：从23.6天降至5天以内
- 降低库存：冲压件库存＜2天
  焊接工序间库存：消除
  成品发货库存≤2天

图 B-1

附录 B A3 案例

12/6/01
Shook/Verble

对策
- 从焊接到装配，创建连续流
- 建立节拍时间：根据客户需求，贯穿焊接和装配的生产节奏
- 建立新的焊接和装配的生产单元，并作为整个价值流的定拍工序
- 建立换产周期EPEX：根据定拍工序的实际使用量，制订冲压生产计划；根据冲压的实际用量，从供应商拉动钢卷原材料
- 降低冲压和焊接的换模时间
- 提高焊接设备的可用率
- 建立物料运送路线，实现频繁取货和配送
- 用均衡箱来建立生产的指令系统

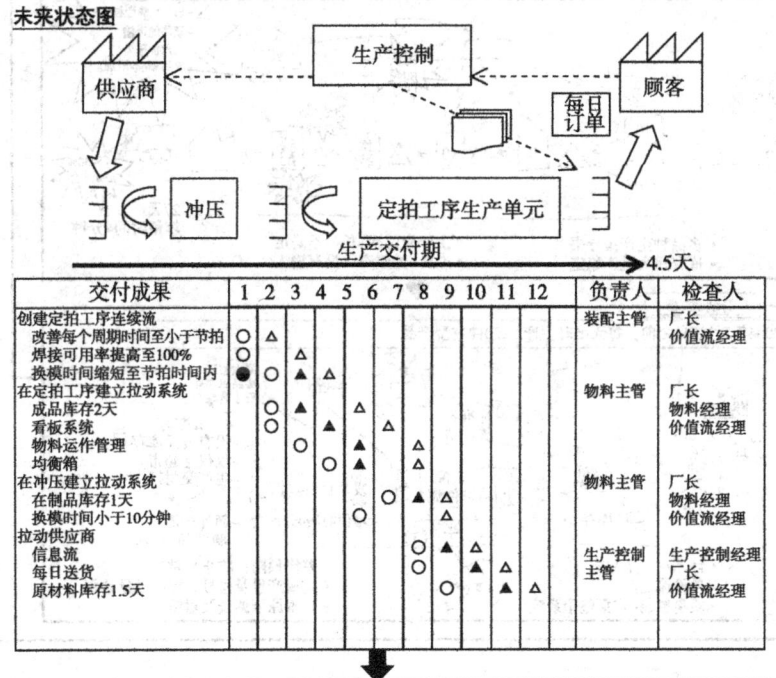

跟踪
确定参与和评审的相关部门：生产控制与物流、采购、设备维护、人力资源、财务。

A3 举例 1：阿克米冲压厂

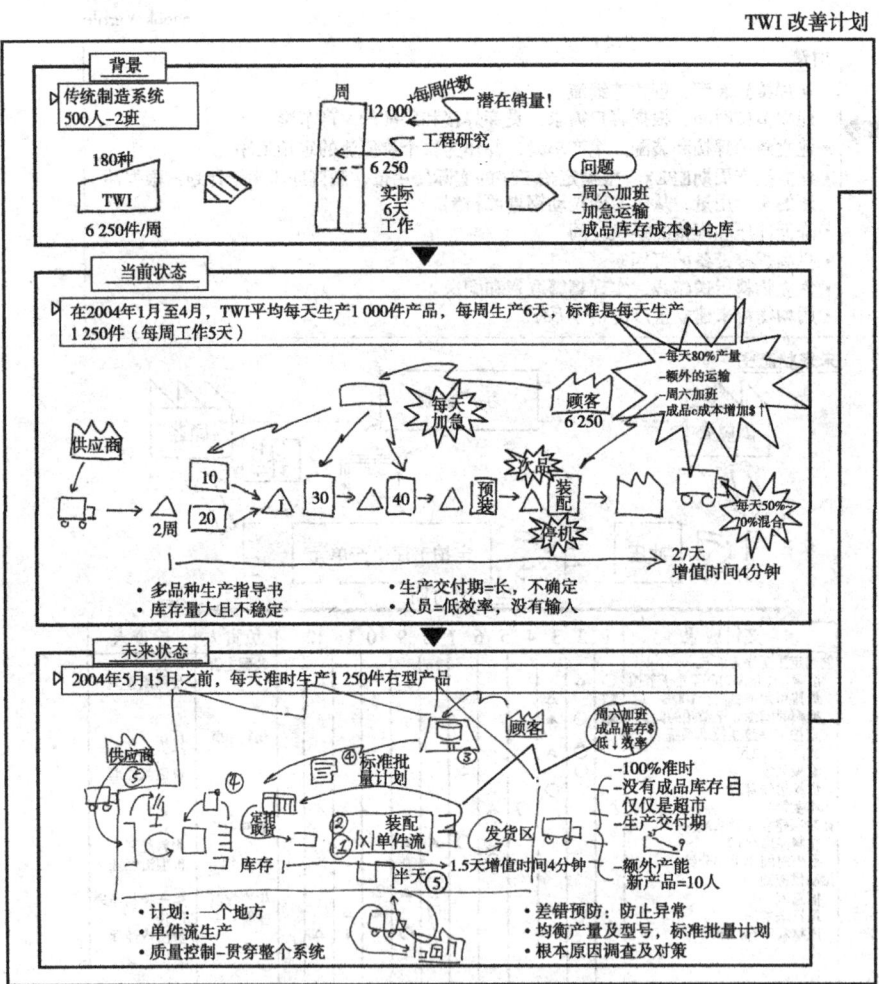

图 B-2　A3 举例 2：TWI 改善计划

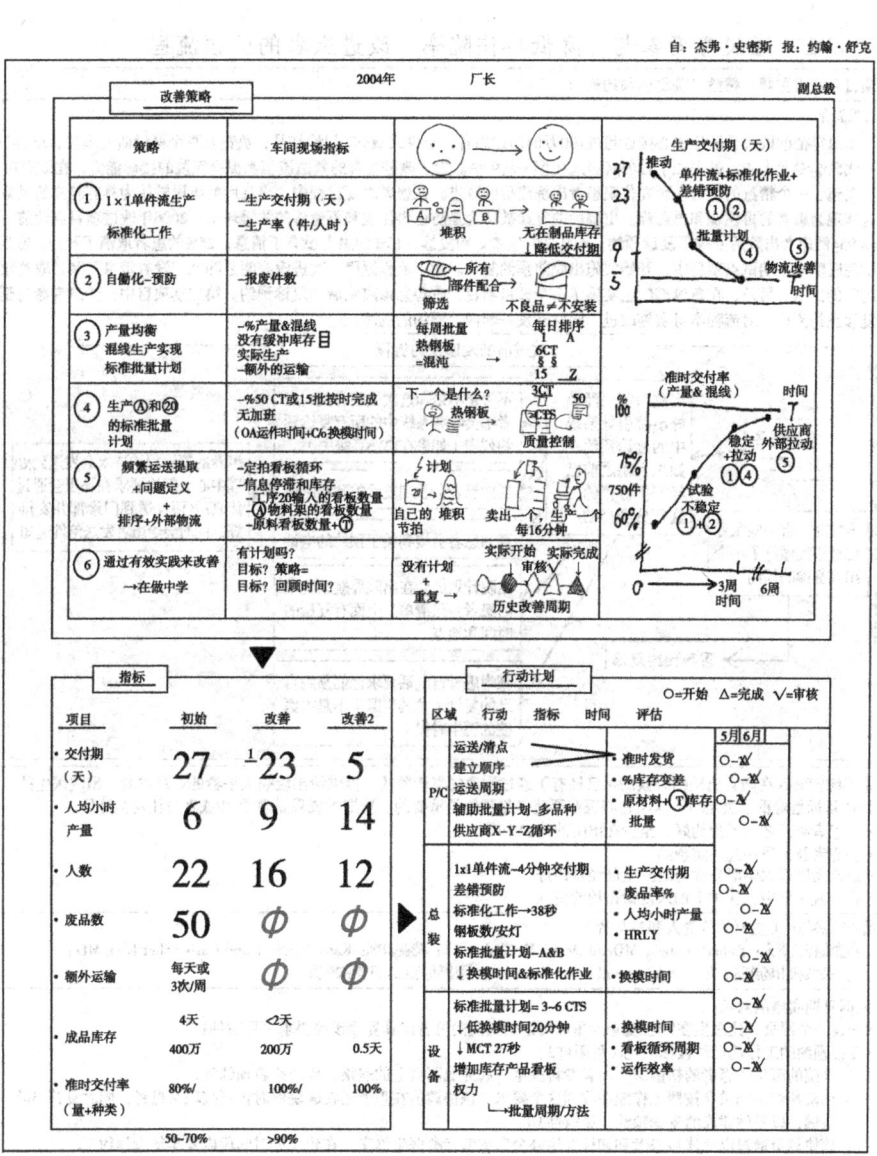

图 B-2（续）

通过患者参与，降低再住院率，改进患者的就医流程

项目名称或主题： 精益出院复诊预约流程

背景简介

每年密歇根大学医疗中心接诊超过100万的门诊患者，至少36 000次门诊挂号，负责几百个科学研究项目，培养下一代医学专业人才。过去12个月的病房人住率平均93%。为了改进患者的就医流程和提高医院的接诊能力，在试点单位实施了一个精益的项目来研究住院患者出院流程的改进。在患者康复过程中，出院后的阶段被认为具有较高的风险，这体现为患者的再住院和再急诊。出院后的复诊被认为是防止再住院和再急诊的关键环节。2006年改进项目启动前，48 954例患者出院后安排过复诊预约。约60%的患者如约复诊，15%的患者没有了消息，25%的患者取消了预约。在医学院医院第一期试点项目中，开始实施出院前预约复诊。由于流程原因，改进没有明显降低"没有消息"和"取消预约"的比例。另外，在急诊部门也实施了一个试点项目，改善急诊离院后的复诊预约。第二期项目中，让患者参与到复诊预约流程，对流程本身实施改进，同时开发一套网上预约的程序。

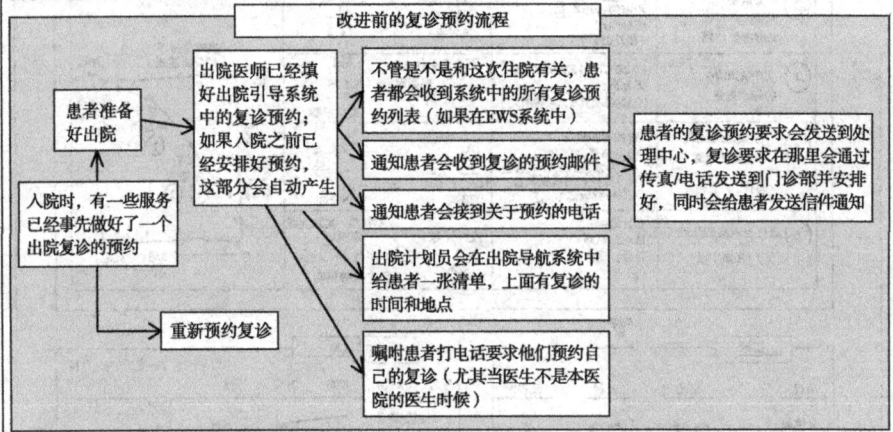

未来状态目标： 在患者出院的时候确保已经有了经过沟通的复诊预约，提供给出院病人平稳的诊疗过渡。出院医生的具体目标是着重于决定对于这次住院医疗哪些复诊预约是重要的。预期的成果是急诊和/或者再住院会降低。
- 在患者离开之前就预约好，至少在出院前的24小时
- 和患者及家属一起确定预约
- 通知密歇根大学医院参与的医生已经预约好
- 在出院医嘱中，让护士加入复诊预约的信息

哪些人参与？（主要的负责人和参与者）
精益流程负责人：RobertChang、MDand Donna McClish、RN；精益教练：Kate Bombach and Christopher Kim, MD；
公共关系和市场沟通：Josie Aguirre and Laura Rowland；门诊部员工，患者和家属。

根据日期实施的对策：
- 开发一个网页，让医生在5B住院单元里面可以给出院的患者出具复诊预约要求（见附件1）
- 复诊预约的工作流已经被标准化了（见附件2）
  - 本院的医生和患者的初诊医生或者专科医生一起完成网页上的表格，要求患者预约复诊。
  - 出院预约协调员会按照工作顺序收到这个要求。该协调员在患者还在医院的时候直接联系患者，同时复核出院医嘱，以提供建议的复诊预约（见附件3）
  - 该协调员通过电话连接患者和初诊医生办公室或者专科医生诊室，在建议的时间段内安排复诊预约
- 该流程允许护士在出院导航系统中在线复核复诊预约
  - 作为出院流程中的一部分，该护士复核任何必要的患者嘱咐以及后面安排好的预约
- 为本院的医生开发了简易的在线流程，该流程可以跟踪预约的结果
  - 出院预约协调员在出院预约网页上记录下预约的结果，便于本院的医生跟踪

图 B-3　A3 举例 3：密歇根大学医疗中心

经密歇根大学医疗中心许可

现在处于项目周期哪里？医院服务的完全展示，2007年10月

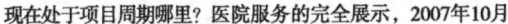

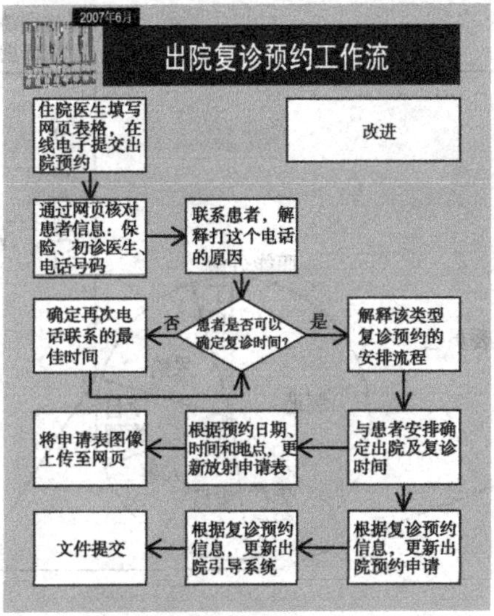

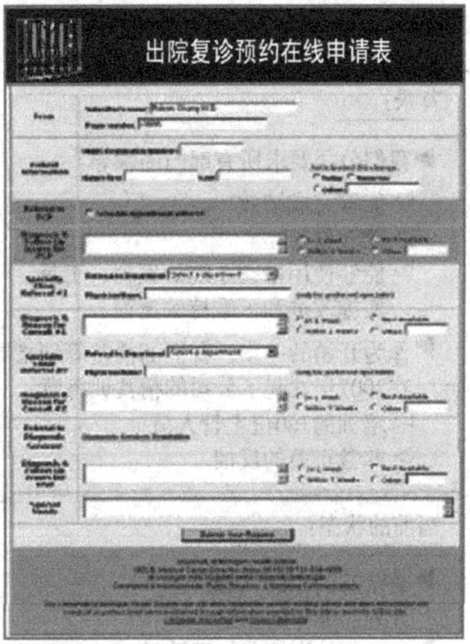

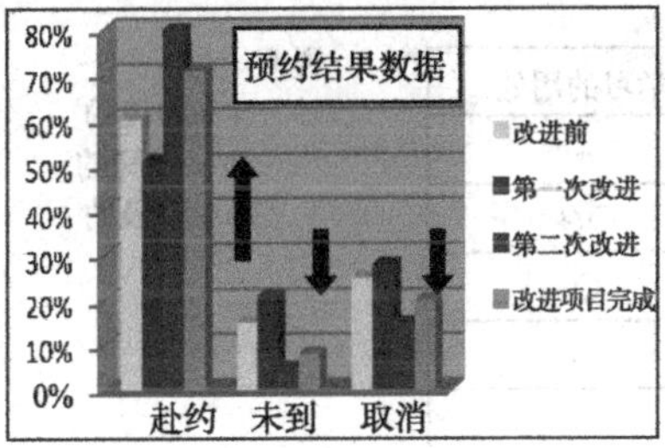

预约结果

改善前
（12/1/2004~11/30/2005）
计划预约398
赴约237（60%）
未到61（15%）
取消100（25%）

改进项目完成后
（12/1/2004~11/30/2005）
计划预约249
赴约178（72%）
未到20（8%）
取消51（20%）

14天内再住院率
改进前11.81%
改进后7.90%

3天内再急诊率
改进前3.96%
改进后0.75%

经验小结：
- 由医生、护士、出院计划、信息技术和公共关系组成的跨职能团队，设计了一个用户界面非常友好的应用程序
- 密歇根质量体系和精益医疗系统是一套非常有效的方法论。试点改进使得网页上的表格快速提升
- 理解医生的工作流和工具，可以使作业更好地流动起来
- 充分利用现有技术的优势，并予以拓展。信息技术是必不可少的
- 经常性、重点明确的简洁沟通是非常关键的。征求教师和员工的意见反馈
- 患者与家属的参与是必不可少的
- 给医生做标准化培训是必不可少的。为了达到更高的效率，培训必须重点突出并结合实际操作
- 反复尝试，使问题暴露出来，从而更好地设计用户界面

后续工作：
- 患者满意度数据收集
- 稳定节拍时间：计划员一天能打多少个电话？每个电话要多长时间
- 试点改进及以上步骤完成后，讨论后续推广工作
- 在全医院范围内，观察其他的服务（例如，外科常常在住院之前安排他们的复诊预约）

图 B-3 （续）

156 学习型管理

背景：

▶我们公司要求所有部门的领导：
  ▷ 能够完成绩效
  ▷ 能够领导
  ▷ 能够使用精益系统的概念、工具，实施改进和可维持的流程
▶作为开始的一步，我们的精益筹划指导委员会在2007年发起了公司的精益训练营
  ▷ 培训的160位主管人员
  ▷ 非常正面的反馈

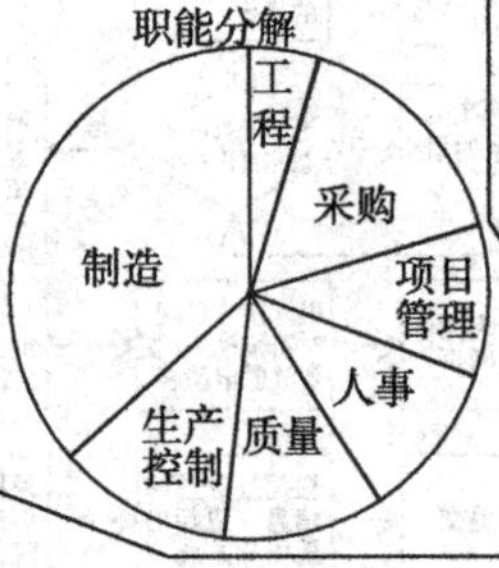

精益训练营 2008 愿景 → 分析与建议

职能分解饼图：工程、采购、项目管理、人事、质量、生产控制、制造

当前的状态：

▶总结2007年的训练营
  计划2008年的作法
▶2007年的训练营的反馈是：

部门	反馈	学习的用处
制造	++	+
生产控制	+	O/+
质量	O	O
人力资源	+	O
项目管理	−	−
采购	++	+
工程	+	O

说明：
+ =积极的
O = 中间的
− =消极的

问题描述：

用我们有限的资源，使我们公司的"领导力开发"和精益实施最大化

图 B-4　A3 举例 4：Eric Ethington，精益经理，Textron Corp.

经Textron公司许可
10-10-2007
EE

选择	盟主	市场规模	目前精益市场的成熟度	接受性评估	对公司的重要性	建议
1）继续2007年的方式	精益策划指导委员会	200	+	++	+	针对160位主管的10个课程
2）研究生院对以前的学生的概念	精益策划指导委员会	160	++	+	○	非训练营 通过一对一的导师制确认需求
3）着重于项目管理	没有	100	−	−	○	在考虑这个之前需要负责人和对精益的基本理解
4）工程部门总监	负责工程的副总	30	−	+	++	根据1）确定30个名额给工程部门
5）采购供应商（关键供应商）	负责采购的副总	300	−	++	+	支持采购部门开展独立的训练营
6）着重于质量	负责质量的副总	60	−	○	+	不需要单独考虑，将质量集成到现有的训练营

行动计划：

○=计划开始 △=计划结束
●=实际开始 ▲=实际结束

描述	负责人	10月 1 2 3 4	11月 1 2 3 4	12月 1 2 3 4
相关人员沟通	LD	○—△		
安排2008年的课程	EE	○————△		
调查导师的要求	EE		○—△	
选定导师	CD			○—△
召开供应商开发的启动会	EE/BP		△	
建立供应商开发大学的A3	BP		○————△	

A3相关人员：

_EE_　　　　　_LD_　　　　OK-10/12/07会议
Ethington　　Dillard　　　精益筹划指导委员会

图 B-4 （续）

关于作者

早在1977年第一次在日本拜访各公司时，约翰·舒克就开始观察并分析丰田的运营情况和组织架构。这成为了在日后的10年，他在为丰田工作期间学习精益的契机。在这10年里，他帮助丰田将生产、工程和管理系统从日本移植到海外工厂和供应商中。在整个企业贯彻精益理念的实际经验，使约翰能够深刻理解实行精益转型所面对的挑战。作为《学习观察》的合著者，约翰向精益实践者介绍了价值流图析这个工具，而在本书中，他则带领精益实践者开拓了新领域——用A3来工作并领导团队。

约翰可以说是工业界的人类学家，作为精益企业研究院（Lean Enterprise Institute, LEI）的一名高级顾问，他倾注了大量时间与詹姆斯·沃麦克（Jim Womack）、丹·琼斯（Dan Jones）和若瑟·费罗（Jose Ferro）一起研究并开发精益理念，并与不同的公司和个人合作，帮助他们理解和实施精益生产。约翰曾经是密歇根大学（University of Michigan）日本技术管理项目的主任。现在他领导了两家咨询公司，分别是精益转型集团有限责任公司（Lean Transformation Group, LLC）和TWI网络（TWI Network）。约翰是一名公认的优秀导师，他在精益圈子中热心地分享自己的知识和见解，并帮助那些还未起步的精益追求者。

参考文献

Thinking/Problem-Solving

Ackoff, Russell, *The Art of Problem Solving*, New York: Wiley, 1978.

Bateson, Gregory, *Steps to an Ecology of Mind*, Chicago: University of Chicago Press, 2000.

Dewey, John, *How We Think*, Buffalo, NY: Prometheus Books, 1991.

Dorfman, H.A., *The Mental ABC's of Pitching; A Handbook for Performance Enhancement*, Lanham: Diamond Communications, 2000.

Dorner, Dietrich, *The Logic of Failure: Why Things Go Wrong and What We Can Do to Make Them Right*, New York: Metropolitan Books, 1996.

Kranz, Gene, *Failure is Not an Option: Mission Control from Mercury to Apollo 13*, New York: Simon & Schuster, 2000.

Martin, Robert, *The Opposable Mind*, Boston: Harvard Business School Press, 2007.

Petroski, Henry, *To Engineer is Human: The Role of Failure in Successful Design*, New York: St. Martin's Press, 1985.

Petroski, Henry, *Success Through Failure: The Paradox of Design*, Princeton, NJ: Princeton University Press, 2006.

Richards, Chet, *Certain to Win: The Strategy of John Boyd Applied to Business*, Chet Richards, 2004.

Steinberg, Frances, and Whiteside, Richard, *Positive Positioning: How to Get What You Want from Anyone*, Auckland: PHAC Publications, 2006.

Whiteside, Richard G., *The Art of Using and Losing Control: Adjusting the Therapeutic Stance*, Washington, DC: Brunner/Mazel: 1998.

Wiener, Norbert, *The Human Use of Human Beings*, Boston: Houghton Mifflin, 1950.

Organizations

Deming, W. Edwards, *Out of the Crisis*, Cambridge, MA: MIT Center for Advanced Educational Services, 1986.

Drucker, Peter F., *The Effective Executive*, New York: Harper & Row, 1966.

Drucker, Peter F., *Management: Tasks, Responsibilities, Practices*, New York: Harper & Row, 1973.

Drucker, Peter F., *The Practice of Management*, New York: Harper & Row, 1954.

Geus, Arie de, *The Living Company*, Boston, MA: Harvard Business School Press, 1997.

Johnson, H. Thomas, and Broms, Anders, *Profit Beyond Measure: Extraordinary Results through Attention to Work and People*, New York: The Free Press, 2000.

Johnson, H. Thomas, *Lean Dilemma: Choose System Principles or Management Controls —Not Both*, unpublished paper, winner of 2007 Shingo Research Prize Award.

Santamaria, Jason; Martino, Vincent; and Clemons, Erik, *The Marine Corps Way*. New York: McGraw Hill, 2005

Schon, Donald A., *The Reflective Practitioner: How Professionals Think in Action*, New York: Basic Books, 1983.

Senge, Peter, *The Fifth Discipline: The Art and Practice of the Learning Organization*, New York: Doubleday, 1990.

Sloan, Alfred P., Jr., *My Years with General Motors*, New York: Doubleday, 1964.

Weber, Max, *The Theory of Social and Economic Organization*, New York: Oxford University Press, 1947.

Visual Communication

Tufte, Edward R., *The Visual Display of Quantitative Information (Second Edition)*, Cheshire, CT: Graphics Press, 2001.

Tufte, Edward R., *Visual Explanations: Images and Quantities, Evidence and Narrative*, Cheshire, CT: Graphics Press, 1997.

Toyota/Lean Resources

Balle, Michael; Beaufallet, Godefroy; Smalley, Art; and Sobek, Durward, "The Thinking Production System," *Reflections: The SoL Journal on Knowledge, Learning, and Change*, Volume 7, Number 2, 2006.

Fujimoto, Takahiro, *Competing to Be Really, Really Good: The behind-the-scenes drama of capability-building competition in the automobile industry*, Tokyo: International House of Japan, 2007.

Fujimoto, Takahiro, *The Evolution of A Manufacturing System at Toyota*, New York: Oxford University Press, 1999.

Jones, Daniel T., and Womack, James P., *Lean Thinking: Banish Waste and Create Wealth in Your Corporation (Revised Editon)*, New York: Free Press, 2003.

Marchwinski, Chet; Schroeder, Alexis; and Shook, John, eds., *Lean Lexicon (Version 4.0)*, Cambridge, MA: Lean Enterprise Institute, 2008.

Nemoto, Masao, *Total Quality Control for Management—Strategies and Techniques from Toyota and Toyoda Gosei*, Englewood Cliffs, NJ: Prentice Hall, 1987.

Ohno, Taiichi, *Toyota Production System: Beyond Large-Scale Production*, Cambridge, MA: Productivity Press, 1988.

Ohno, Taiichi, *Workplace Management*, Mukilteo, WA: Gemba Press, 2006.

Rother, Mike, and Shook, John, *Learning to See: Value-stream Mapping to Create Value and Eliminate Muda* (version 1.3), Cambridge, MA: Lean Enterprise Institute, 2003.

Spear, Steven, and Bowen, Kent, "Decoding the DNA of the Toyota Production System," *Harvard Business Review*, September-October 1999.

Spear, Steven, "Learning to Lead at Toyota," *Harvard Business Review*, May 2004.

Suzaki, Kiyoshi, *Results from the Heart: How Mini-Company Management Captures Everyone's Talents and Helps Them Find Meaning and Purpose at Work*, New York: Free Press, 2002.

Toyota Motor Corporation Operations Management Consulting Division, *Toyota Production System*, Toyota City, 1992.

Verble, David, unpublished paper.

Ward, Allen C., *Lean Product and Process Development*, Cambridge, MA: Lean Enterprise Institute, 2007.

Ward, Allen; Liker, Jeffrey; Cristiano, John; and Sobek, Durward, "The Second Toyota Paradox: How Delaying Decisions Can Make Better Cars Faster," *Sloan Management Review*, Spring 1995.

Ward, Allen; Liker, Jeffrey; and Sobek, Durward, "Toyota's Principles of Set-Based Concurrent Engineering," *Sloan Management Review*, Winter 1999.

Japan

Abegglen, James C., *The Japanese Factory*, Glencoe, IL: Free Press, 1958.

Abegglen, James C., and Stalk, George Jr., *Kaisha: The Japanese Corporation*, New York: Basic Books, 1985.

Cole, Robert E., *Japanese Blue Collar: the Changing Tradition*, Berkeley, CA: University of California Press, 1971.

Cole, Robert E., *Managing Quality Fads: How American Business Learned to Play the Quality Game*, New York: Oxford University Press, 1999.

Haley, John Owen, *Authority Without Power: Law and the Japanese Paradox*, New York: Oxford University Press, 1991.

Mishima, Yukio, *The Samurai Ethic and Modern Japan: Yukio Mishima on Hagakure*, translated by Kathryn Sparling, Tokyo: Charles E. Tuttle Company, 1978.

Suzuki, Shunryu, *Zen Mind, Beginner's Mind*, Boston: Shambala Publications, 2006.

Whiting, Robert, *You Gotta Have Wa*, New York: Vintage Books, 1990.

Japanese Language Sources

Cho, Fujio, "Toyota Seisan Houshiki—America de no Taiken" ("Toyota Production System—My Experience in America"), a speech delivered to an audience of industrialists in Japan in 1997.

Fujimoto, Takahiro, and Shimokawa, Koichi, eds. *Toyota System no Genten* ("Origins of the Toyota System"), 2001. (Translation forthcoming from Lean Enterprise Institute.)

Kusunoki, Kaneyoshi, *Chosen Hiyaku—Toyota hokubei jigyou tachiage no "Gemba"* ("Challenge: Taking the Leap—On the front lines of establishing Toyota's North American manufacturing presence"), Chubu Keizai Shinbun-sha, 2004.

Mito, Setsuo, *Ohno-san, 21-Seiki mo Toyota seisan housiki ha genki desu yo; 'An Album of an Industrial Revolution'* ("Ohno-san, Your Toyota Production System is doing well in the 21st Century!—An Album of an Industrial Revolution"), Tokyo: Seiryu Shuppan, 2007.

Ohno, Taiichi, *Toyota Seisan Houshiki—Datsu kibo no keiei wo mezashite* ("Toyota Production System—Managing for Leaner Production"), Tokyo: Diamond-sha, 1978. (Available in English translation as "Toyota Production System—Beyond Large-Scale Production" from Productivity Press, 1988.)

Ohno, Taiichi, *Ohno Taiichi no Gemba Keiei* ("Taiichi Ohno's Gemba Management"), Tokyo: Nihon Nouritsu Kyoukai Management Center, 1983/2001. (Available in English translation as "Workplace Management" from Gemba Press, 2006.)

Seiji Yamamoto in Toyota Kuchiguse (Common expressions of Toyota Leaders) by OJT Solutions (Tokyo, Chukei Shuppan, 2006).

Toyoda, Eiji, *Ketsudan—Watashi no Rirekisho* ("Decision—an autobiography"), Tokyo: Nihon Keizai Shinbun-sha, 1985. (Available in English translation as *Toyota: Fifty Years in Motion* from Kodansha International, 1985.)

意见反馈

　　精益企业研究院和约翰·舒克尝试用简单的故事情节，清楚、完整的案例和 A3 使得本书容易被读者理解。但基于多年的经验，我们知道即使是最简单的理念，一旦用在复杂的公司环境中也会变得很复杂。所以我们需要你的帮助。在你尝试使用 A3，同时作为工具和管理方法来构建一个学习型的组织后，请将你的反馈和评价邮寄、传真、电邮到：

精益企业中国

　　电子邮件：book@leanchina.org

　　网站：www.leanchina.org

精益思想丛书

ISBN	书名	作者
978-7-111-49467-6	改变世界的机器：精益生产之道	詹姆斯 P. 沃麦克 等
978-7-111-51071-0	精益思想（白金版）	詹姆斯 P. 沃麦克 等
978-7-111-54695-5	精益服务解决方案：公司与顾客共创价值与财富（白金版）	詹姆斯 P. 沃麦克 等
7-111-20316-X	精益之道	约翰·德鲁 等
978-7-111-55756-2	六西格玛管理法：世界顶级企业追求卓越之道（原书第2版）	彼得 S. 潘迪 等
978-7-111-51070-3	金矿：精益管理 挖掘利润（珍藏版）	迈克尔·伯乐 等
978-7-111-51073-4	金矿Ⅱ：精益管理者的成长（珍藏版）	迈克尔·伯乐 等
978-7-111-50340-8	金矿Ⅲ：精益领导者的软实力	迈克尔·伯乐 等
978-7-111-51269-1	丰田生产的会计思维	田中正知
978-7-111-52372-7	丰田模式：精益制造的14项管理原则（珍藏版）	杰弗瑞·莱克
978-7-111-54563-7	学习型管理：培养领导团队的A3管理方法（珍藏版）	约翰·舒克 等
978-7-111-55404-2	学习观察：通过价值流图创造价值、消除浪费（珍藏版）	迈克·鲁斯 等
978-7-111-54395-4	现场改善：低成本管理方法的常识（原书第2版）（珍藏版）	今井正明
978-7-111-55938-2	改善（珍藏版）	今井正明
978-7-111-54933-8	大野耐一的现场管理（白金版）	大野耐一
978-7-111-53100-5	丰田模式（实践手册篇）：实施丰田4P的实践指南	杰弗瑞·莱克 等
978-7-111-53034-3	丰田人才精益模式	杰弗瑞·莱克 等
978-7-111-52808-1	丰田文化：复制丰田DNA的核心关键（珍藏版）	杰弗瑞·莱克 等
978-7-111-53172-2	精益工具箱（原书第4版）	约翰·比切诺 等
978-7-111-32490-4	丰田套路：转变我们对领导力与管理的认知	迈克·鲁斯
978-7-111-58573-2	精益医院：世界最佳医院管理实践（原书第3版）	马克·格雷班
978-7-111-46607-9	精益医疗实践：用价值流创建患者期待的服务体验	朱迪·沃思 等